영포자 문과장은
어떻게 영어 달인이 됐을까

영포자 문과장은
어떻게 영어 달인이 됐을까

지은이 문성현
펴낸이 최정심
펴낸곳 (주)GCC

초판 1쇄 인쇄 2019년 1월 20일
초판 1쇄 발행 2019년 1월 25일

출판신고 제 406-2018-000082호
주소 10880 경기도 파주시 지목로 5
전화 (031) 8071-5700 팩스 (031) 8071-5200

ISBN 979-11-89432-82-9 03320

저자와 출판사의 허락 없이 내용의 일부를
인용하거나 발췌하는 것을 금합니다.
저자와의 협의에 따라서 인지는 붙이지 않습니다.

가격은 뒤표지에 있습니다.
잘못 만들어진 책은 구입처에서 바꾸어 드립니다.

이 도서의 국립중앙도서관 출판예정도서목록(CIP)은
서지정보유통지원시스템 홈페이지(http://seoji.nl.go.kr)와
국가자료공동목록시스템(http://www.nl.go.kr/kolisnet)에서 이용하실 수 있습니다.
(CIP제어번호 : CIP2019002100)

www.nexusbook.com

돈 없고 시간 없어도 영어가 되는 기적의 공부 습관

영포자 문과장은 어떻게 영어 달인이 됐을까

문성현 지음

넥서스BOOKS

★
prologue

공부법 그만 찾고 진짜 영어공부를 하자

우리는 새해가 될 때마다 영어공부를 결심하고 작심삼일을 반복합니다. 그리고 실패의 이유를 자신의 노력 부족 탓으로 돌립니다. 하지만 우리가 영어를 못하는 이유는 단지 의지력이 부족해서가 아닙니다. 노력의 방향이 잘못되었기 때문입니다.

인간은 환경의 지배를 받습니다. 좋은 환경에서는 훌륭한 사람이 될 수 있지만, 그렇지 않은 환경에서는 평범한 사람이 됩니다. 성공을 원한다면 성공할 수 있는 환경에 있어야 합니다. 영어를 잘하기 위해서도 좋은 환경을 만드는 노력이 중요합니다.

저는 영어를 잘하기 위한 방법으로 다음 세 가지를 당부하고 싶습니다.

첫째, 기존 방법 버리기
우리는 영어를 주로 시험공부로 배웠습니다. 학교 다닐 때는 시험 점수를 잘 받으면 영어를 잘한다는 말을 들었습니다. 그러나 학교 울타리를 벗어나는 순간 세상은 점수가 아닌 실력을 요구합니다. 그리고 다시 새롭게 영어를 배우기 시작합니다. 그동안 시험공부를 해 오던 방법으로. 하지만 열심히 해도 실력은 늘지 않습니다. 조금씩 지쳐 가다가 결국 영어 배우기를 포기합니다.

    영어를 배우는 목적이 바뀌었는데, 왜 예전 방법을 그대로 사용하는 걸까요? 목적이 바뀌었으면 방법도 바꿔야 합니다. 시험을 위한 공부법을 버려야 진짜 영어 실력을 만드는 기초 공사를 시작할 수 있습니다.

둘째, 좋은 환경 설정하기

서점이나 도서관에 가면 책이 잘 읽혀지듯 좋은 환경을 설정하면 영어공부에 도움이 됩니다. 영어 고수들은 영어공부 하기 쉬운 환경을 설정하고 일상적인 '루틴(routine)'을 반복합니다. 한마디로 영어 잘하기 좋은 습관을 가지고 있는 것입니다.

    인내력은 한정된 자원입니다. 노력은 의지력을 소비하기 때문에 에너지가 떨어지면 지속하기 어렵습니다. 의지력을 쓰지 않고 매일 하는 비결은 일상적인 습관으로 만드는 것입니다. 성공한 사람은 성공하는 습관을, 영어를 잘하는 사람은 영어 잘하는 습관을 갖고 있습니다. 영어도 습관이 되어야 잘할 수 있습니다.

셋째, 작은 노력 지속하기

우리는 보통 꿈을 크게 꾸고 목표를 높게 잡으라고 말합니다. 하지만 거창한 목표는 달성하기 어렵습니다. 막상 실행하려고 하면 어떻게 시작해야 할지 막막하기만 합니다. 결심을 눈에 보이는 성과로 만드는 사람은 극히 드뭅니다. 현명한 사람은 큰 목표를 소화하기 쉬운 작은 목표로 만들어 실행합니다. 큰 물고기를 잘게 썰어야 횟감으로 먹기 좋듯이, 실행을 하려면 큰 목표를 여러 개의 작은 목표로 만들어야 합니다. 원하는 것이 있다면 이루기 쉬운 작은 목표로 바꾸어 행동하는 습관을 만들어야 합니다.

저는 초등학생 두 자녀를 둔 40대 직장인입니다. 나이 서른이 되어 취미로 영어공부를 시작했습니다. 바쁜 직장 생활과 영어공부를 병행하는 것은 쉽지 않았습니다. 그동안 수많은 시행착오를 겪었고 포기하고 싶었던 순간도 여러 번 있었습니다. 하지만 작은 목표를 조금씩 달성하면서 맛본 성취감이 영어공부를 계속할 수 있는 원동력이 되었고 영어가 일상의 습관이 되었습니다.

오랫동안 영어를 독학하면서 '영어공부법'에 관한 책을 100권 이상 읽었고 배운 것을 몸소 실천했습니다. 그중에는 도움이 된 것도 있었지만, 평범한 직장인이 실천하기에는 현실적으로 어려운 부분이 많았습니다. 바쁜 직장인은 영어에만 집중하기 어렵기 때문입니다.

제가 이 책을 쓴 목적은 하나입니다. 많은 분들이 더 이상 영어공부 비법을 찾느라 시간을 낭비하지 않길 바라기 때문입니다. 이 책이 여러분에게 마지막 영어공부법이 되었으면 좋겠습니다. 앞으로는 공부법보다는 영어를 습득하기 위한 연습에 시간을 사용하세요. 영어를 잘하기 위해 필요한 것은 올바른 방법과 연습입니다.

제가 직장 생활과 영어공부를 병행한 지 어느덧 20년 가까이 되었습니다. 그동안 겪은 시행착오와 경험을 바탕으로 여러분들에게 영어공부 노하우를 공유하려고 합니다. 다시 말해, 직장인 영어 멘토가 밝히는 '보통 사람을 위한 영어공부법'입니다. 영어를 독학으로 배우는 직장인에게 현실적인 도움이 될 수 있을 거라고 생각합니다. 직장인의 마음은 같은 직장인이 가장 잘 알고 있으니까요. 평범한 저도 해냈으니 여러분도 충분히 할 수 있을 것입니다.

희망을 갖고 도전하세요. 도전하는 사람은 아름답습니다. 이 책을 계기로 영어가 평생 숙제가 아닌 여러분의 인생에서 하나의 즐거움이 될 수 있기를 희망합니다. 여러분의 성공적인 영어공부를 응원합니다.

저자 문성현

★ contents

★ prologue 공부법 그만 찾고 진짜 영어공부를 하자   · 004

01 영어 좀 잘한다고 인생이 달라질까?

영어가 준 세 가지 선물   · 014
좌충우돌 나의 영어 정복기   · 021
우리는 지금까지 반대로 배웠다   · 029

생각거리 01 | 교육 선진국의 영어교육   · 034

02 도대체 내 영어는 뭐가 문제일까?

10년 넘게 공부해도 영어가 안 되는 이유   · 038
영어는 공부가 아니라 운동이다   · 046
쉬운 영어를 잘해야 진짜 실력자다   · 052
문법에 대한 집착을 버리자   · 058
영어보다 모국어가 더 중요하다   · 064

생각거리 02 | 영어의 소리와 공명 현상   · 070

03 그냥 들으면 들리지 않는다

소리를 먼저 들을 수 있어야 한다 · 074
영어와 한국어 소리는 어떻게 다른가 · 080
단어는 들리는데 이해가 안 되는 이유 · 087
받아쓰기를 하면 듣기 실력이 좋아질까 · 093
최고의 듣기 자료는 내가 연습한 자료다 · 100
듣기 능력 향상을 위한 고강도 훈련법 · 106
생각거리 03 영어 소리의 세 가지 특징 · 112

04 말을 못하면 영어를 못하는 거다

영어 말하기가 안 되는 이유 · 116
영어 고수들의 말하기 연습 요령 · 122
문장을 의미 단위로 나눠서 연습하라 · 129
일석오조, 낭독 훈련의 효과 · 133
단기간에 프리토킹 잘하는 비결 · 139
어휘는 반드시 문장 안에서 익혀라 · 147
생각거리 04 영어 말하기를 쉽게 하는 방법 · 154

★ contents

05 직장인을 위한 현실적인 공부법

나이가 많아도 영어를 잘할 수 있을까? · 158
나에게 필요한 영어책 고르는 법 · 166
기초 영어회화 책 한 권을 외워라 · 171
하루를 27시간으로 활용하는 짬짬이 공부법 · 177
오래가려면 주변 사람과 함께하라 · 183
생각거리 05 해외 어학연수와 기회비용 · 188

06 고수들의 영어공부 꿀팁

어학연수, 똑똑하게 한국에서 하자 · 192
미국 드라마로 영어회화 공부하는 법 · 198
영어 실력의 완성, 영어 원서 읽기 · 203
하루 3문장, 영어 메모를 하자 · 209
중급 이상으로 실력을 높이는 법 · 214
생각거리 06 영어를 잘하기 위한 17가지 원칙 · 220

07 실천하지 않으면 평생 왕초보다

영어공부가 작심삼일로 끝나는 이유 · 226
결심을 행동으로 실천하는 방법 · 232
학원에 다녀도 영어가 늘지 않는 이유 · 238
기억 원리를 활용한 복습 방법 · 244
생각거리 07 | 인터넷 강의 제대로 활용하는 법 · 250

08 시행착오는 필수! 두려움을 버리자

지속하는 끈기를 기르는 법 · 254
슬럼프를 슬기롭게 극복하는 법 · 260
영어 울렁증을 떨쳐 내는 법 · 265
성공한 사람들의 습관을 배우자 · 271

★ epilogue 우리는 왜 영어를 배워야 하는가 · 277

If you are not doing
what you love,
you are wasting your time.
_Billy Joel

당신이 정말 좋아하는 일을 하고 있지 않다면
시간을 낭비하고 있는 것이다.

01

영어 좀 잘한다고 인생이 달라질까?

영어가 준
세 가지 선물

저는 공대를 나와 회사에 다니는 직장인입니다. 취미로 영어공부를 시작한 지 어느새 15년이 넘었습니다. 혼자서 공부한 내용을 공유하고 싶어 책을 썼는데, 그 책이 30만 부 이상 팔린 베스트셀러가 되었습니다. 제 인생에서 전혀 예상하지 못했던 일이 일어난 것입니다.

대학 때는 그림 동아리 활동을 했습니다. 영어공부를 해야겠다는 생각은 한 번도 해 본 적이 없었습니다. 그렇다고 학과 공부를 열심히 한 것도 아니었습니다. 결국, 졸업 후 늦은 나이에 영어공부를 해야 했고 남들보다 3년 정도 취업이 늦었습니다. 직장에 들어간 뒤 취미로 영어공부를 선택했습니다. 나중에 영어 때문에 또다시 고통을 겪고 싶지 않았고, 취미로 삼으면 오래 할 수 있을 것 같았습니다. 그때는 영어공부를 한다고 해서 인생이 달라질 거라고는 생각하지 못했습니다. 하지만 미래는 예측할 수 없다고 하죠. 영어 때문에 제 인생이 바뀌었습니다. 저는 '직장인이 할 수 있는 최고의 재테크는 영어공부'라고 생각합니다. 돈으로는 환산할 수 없는 많은 것들을 가져다주기 때문입니다. 다음은 영어가 저에게 준 세 가지 선물입니다.

첫째, 성장입니다

저도 처음에는 다른 직장인들처럼 자신의 영어 실력 향상을 위해 공부했습니다. 하루에 한 시간씩 영어책을 따라 읽으며 영어 실력이 좋아지기를 바랐습니다. 1~2년 정도 투자하면 영어를 능숙하게 할 수 있을 거라는 꿈같은 기대도 했습니다. 하지만 10년이 지나고 나서야 영어가 안 되는 원인을 깨달았고 모든 것을 바꿔야 했습니다.

우선, 개인적인 목표를 버렸습니다. 영어 때문에 어려움을 겪는 사람들과 저의 경험을 공유하는 것으로 목표를 수정했습니다. 인터넷 카페를 만들어 영어공부에 도움이 되는 자료와 경험담을 올렸습니다. 10년 넘게 직장인들과 영어회화 모임을 하면서 한국인의 영어공부에 어떤 문제가 있는지 속속들이 알게 되었습니다. 시중에 나온 책으로 공부하면서 늘 같은 생각을 했습니다.

'시간이 부족한 직장인을 위해 활용도가 높은 표현들로 만든 교재가 있으면 좋겠다.'

그런 고민을 하다가 쓴 책이 《영어회화 100일의 기적》입니다. 요즘은 짬이 날 때마다 영어공부에 도움이 되는 팟캐스트와 유튜브 강의도 제작하고 있습니다. 도와주는 사람이 없어 세련되지는 않지만 개인적인 취미로 하는 거니까 괜찮습니다. 영어 초보자에게 도움만 된다면 그걸로 만족하니까요. 만약 제가 개인적인 목표를 이루기 위해 공부했다면 여기까지 올 수 있었을까요? '혼자 잘하기'에서 '함께 나누기'로 목표를 바꾼 후 얻은 결과입니다.

'이타적 이기심'이라는 말이 있습니다. 타인의 이익을 위해 노력할 때 오히려 내가 더 큰 혜택을 받게 된다는 뜻입니다. 다른 사람의 행복을 도와주면 내가 더 행복해질 수 있다는 것을 영어공부를 통해 경험했습니다. 영어 실력도 예전과 비교가 안 될 정도로 향상되었습니다. 앞으로 다른 사람을 위해 도움이 되는 활동을 더 많이 해야겠죠. 제 영어의 발전을 위해서도요.

둘째, 독서 습관입니다

얼마 전 대한민국 성인 10명 중 4명은 1년에 책을 한 권도 읽지 않는다는 기사를 보았습니다. 10년 전 제 모습이 그랬습니다. 딱히 책을 읽어야 할 동기도 없었고 독서가 주는 즐거움도 몰랐으니까요. 지금은 일주일에 한 권, 1년에 50권 정도 읽습니다. 요즘에는 집에 책을 쌓아 놓을 공간이 부족해서 도서관에서 빌려 읽기도 합니다. 소장할 가치가 있다고 느끼는 책은 구입해서 색연필로 밑줄을 그어 가며 읽습니다. 과거와는 많이 달라진 제 모습에 스스로도 놀랄 때가 있습니다.

독서를 하면서 세상에는 훌륭한 사람과 배울 것이 많다는 것을 알게 되었습니다. 또한, '어떤 것이 가치 있는 삶인가'에 대해 진지한 고민도 하게 되었습니다. 공부를 많이 해서 다른 사람의 성장을 돕는 일을 하고 싶다는 신념도 생겼습니다. 읽고 싶은 책은 많고 시간은 부족합니다. 이런 고민을 하고 있는 사실이 큰 행복이 아닐까 생각합니다. 이 모든 것이 영어로 인해 생긴 변화입니다. 영어 덕분에 독서의 즐거움을 알게 되었으니까요.

영어공부를 할수록 경험과 지식이 부족하다는 것을 느꼈습니다. 영어만 공부해서는 영어를 잘할 수 없다는 것도 알게 되었습니다. 동시통역사도 잘 모르는 분야는 제대로 통역을 하지 못합니다. 사전에 미리 공부해서 내용을 이해해야 원활하게 통역을 할 수 있습니다.

독서를 많이 하면 이해력이 높아져서 영어 실력에도 큰 도움이 됩니다. 우리말도 내가 잘 모르는 내용은 이해가 잘 되지 않듯이 영어를 잘하려면 아는 것이 많아야 합니다. 특히 이해하고 싶은 분야에 대한 한국어 지식을 쌓으면 영어공부에도 도움이 됩니다. 영어를 잘하려면 독서가 중요합니다. 영어와 독서는 톱니바퀴처럼 맞물려 있습니다.

셋째, 자존감입니다

저는 학교 다닐 때 잘하는 것이 별로 없었습니다. 전공 공부도, 취미 생활도, 연애도 제대로 해 본 적이 없습니다. 대학 졸업 후 친구들이 하나둘 취업할 때, 저는 그때서야 영어공부를 하느라 3년 동안 도서관에서 시간을 보냈습니다. 부모님 뵐 낯이 없어 이른 아침에 집을 나서고 밤늦게 귀가했습니다. 뒤늦게 시작한 영어공부였지만 운 좋게 얻은 토익 점수 덕분에 공기업에 입사했습니다. 영어공부를 취미로 둔 덕에 베스트셀러 작가라는 칭호도 받으니 없던 자신감도 생겼습니다. 지금까지는 남보다 뒤쳐진 인생이라는 생각으로 평균치에 도달하기 위해 다른 사람의 뒤를 좇는 삶을 살았습니다.

하지만 이제는 좀 당당하게 살아도 될 것 같은 용기가 생겼습니다. '다른 사람의 의견보다 내 가슴의 소리에 귀를 기울이자.'라고 생각을 바꾸니 하고 싶은 것도 많아졌습니다. 생각한 것을 행동으로 옮기려면 많은 용기가 필요합니다. 영어공부를 결심하고 나서 게으름을 피우는 것도 실패에 대한 두려움이 크기 때문입니다. 필요한 것은 의지력이 아니라 용기입니다. 실패해도 괜찮다고 생각하면 도전하지 못할 이유가 없으니까요. 실패하면 다시 도전하면 됩니다. 영어 때문에 고민을 하고 있다면 적어도 잘하고 싶은 의지가 있는 것입니다. 실패해도 괜찮다는 용기를 가져야 합니다.

영어공부라는 취미 덕에 자존감을 얻고 무엇이든 노력하면 할 수 있다는 자신감도 갖게 되었습니다. 해외여행도 마음 편하게 즐길 수 있게 되었습니다. 자신을 위해 주도적으로 살아갈 수 있는 힘도 얻었습니다.

저는 인생을 살아가는 데 재능이나 특기보다 용기가 더 중요하다고 생각합니다. 갈수록 치열해지는 경쟁 사회에서 남과 차별화할 수 있는 방법은 남이 하지 않는 선택을 할 수 있는 용기를 갖는 것 아닐까요? 저는 기회만 된다면 무엇이든 용기를 내서 도전을 하고 싶습니다.

평범한 직장인에서 동시통역대학원을 졸업하고 드라마 PD가 된 MBC 김민식 PD도 영어를 독학하고 나서 인생이 달라졌다고 말합니다. 저도 영어공부라는 취미 덕분에 인생이 달라졌습니다. 여러분에게 영어는 평생 해결해야만 하는 골치 덩어리인가요? '피할 수 없으면 즐기라'는 말처럼 영어에 대한 태도를 조금만 바꿔 보면 어떨까요? 태도를 바꾸면 인생도 바꿀 수 있습니다. 거창한 계획 말고 영어를 소소한 취미로 만들어 보세요. 무슨 일이 일어날지는 아무도 모르니까요.

좌충우돌
나의 영어 정복기

저는 대학에서 건축공학을 전공했습니다. 부모님의 권유로 ROTC를 지원해서 졸업 후 소대장으로 군복무를 했습니다. 당시에는 장교로 복무하면 취업이 잘 되던 시절이었기 때문에 영어의 필요성을 느끼지 못했고 영어공부를 전혀 하지 않았습니다. 하지만 군복무를 하는 동안 IMF 외환 위기가 찾아왔고 전역 후 저를 기다리고 있는 것은 냉혹한 현실이었습니다.

토익 공부를 포기하다

별 도리 없이 다른 취업 준비생처럼 토익이라는 시험을 공부해야 했습니다. 고등학교 졸업 후 10년 만에 접하는 영어라 어떻게 방향을 잡아야 할지 눈앞이 캄캄했습니다. 주변에서 남들이 하는 대로 따라 하는 것 외에는 달리 방법이 없었습니다.

하지만 영어공부를 시작한 지 3개월 만에 건강에 이상 신호가 찾아왔습니다. 계속되는 스트레스성 장염 때문에 3개월 만에 토익 공부를 그만두어야 했습니다. 대신 좀 더 재미있는 방법으로 공부하고 어느 정도 실력을 쌓은 후에 토익 공부를 다시 시작하기로 계획을 수정했습니다. 그런데 그때 본의 아니게 남들과 다른 접근을 시도한 덕분에 나중에 진짜 실력을 쌓을 수 있는 초석을 마련할 수 있게 되었습니다.

영어회화를 시작하다

곧바로 서점으로 뛰어가 초급용 영어회화 교재 두 권을 구입했습니다. 3개월간 매일 어학기를 손에 들고 테이프에서 나오는 소리를 따라 읽었습니다. 혼자서 하니 지루하기도 하고 다른 방법을 찾다가 원어민 회화 학원을 다니기로 했습니다. 학원에 방문해 보니 총 6단계로, 단계마다 2개월짜리 수업이 짜여져 있었습니다. 실력은 초라했지만 맨 아래 단계부터 시작하는 것을 자존심이 허락하지 않았습니다.

중간 단계로 편입하려면 원어민 강사와 일대일 인터뷰를 거쳐야 했습니다. 집에 돌아와 그날부터 레벨 테스트 성적을 잘 받기 위한 개인 훈련을 시작했습니다. 2개월 남짓 기초 회화 교재를 따라 읽으며 말하는 연습을 했습니다. 대부분 단어 몇 개로 이루어진 토막 문장들이었지만 여러 번 반복해서 외우는 것 외에는 별다른 대안이 없었습니다.

어느덧 인터뷰 날이 다가왔습니다. 그간 연습한 실력으로 손짓 발짓 보디랭귀지를 섞어 가며 그럭저럭 인터뷰를 마쳤습니다. 그런데 기적이 일어났습니다. 총 6개 단계 중에서 4단계로 편입하게 된 것이었습니다. 나중에 알게 된 사실이지만, 대부분 원어민 학원 수강생들은 1단계부터 3단계 레벨까지는 실력과 별 상관없이 자동으로 승급되어 다니고 있었습니다.

매일 집에서 말하기 연습을 하고 학원에서 원어민과 실습을 하니 효율성 면에서 최고였습니다. 학원 수업이 끝나면 어학실에 가서 헤드셋을 끼고 원어민이 읽어 주는 교재의 문장을 소리 내어 따라 읽었습니다. 실력은 눈에 띄게 향상되었고 자신감도 조금씩 쌓여 갔습니다.

온라인 카페를 개설하다

자신감이 조금 생기자 영어 동호회 오프라인 스터디에 참여하여 회화 연습을 좀 더 하고 싶어졌습니다. 저는 지방에서 살았기 때문에 활성화된 사이트를 찾기가 쉽지 않았고, 결국 제가 직접 인터넷 카페를 개설했습니다. 컴맹인 제가 인터넷 카페를 만든다는 것은 상상조차 할 수 없는 일이었습니다. 하지만 영어에 대한 열정이 불가능을 실현 가능케 만드는 원동력이 되었습니다.

그 이후로 4~5명의 사람들을 모아 대학의 빈 강의실이나 커피 전문점에서 일주일에 한두 번씩 모임을 가졌습니다. 이때 사용한 공부 방법은 일주일 분량의 교재 내용을 각자 연습해 와서 한글 해석만 보고 영어로 말하는 것이었습니다. 일주일에 한 번이지만 혼자 할 때보다 공부가 잘 되었고, 무엇보다 꾸준히 할 수 있는 환경이 유지되어서 좋았습니다. 학원 수업과 스터디를 병행하니 영어 실력이 쑥쑥 늘어나는 느낌이 들었습니다.

6개월 수업 과정을 마치고 수료식을 하는 날, 원어민 원장 선생님이 이렇게 말씀하셨습니다.

"진짜 영어는 지금부터 시작이라고 생각하고 공부하시기 바랍니다."

그때는 들뜬 마음에 그 말이 무슨 뜻인지 잘 이해하지 못했습니다. 하지만 당시 제 영어 실력은 걸음마도 떼지 못한 수준이었다는 사실을 한참 후에 알게 되었습니다.

어학연수를 떠나다

원어민 회화 학원을 졸업하고 나니 남들처럼 해외 어학연수를 가고 싶어졌습니다. 현지 영어를 직접 체험해 보고 싶은 호기심이 발동한 것입니다. 그때부터 온라인 사이트를 뒤지며 자료를 모으기 시작했습니다. 연수를 다녀온 사람들의 얘기를 들으며 해외 연수에 대한 동경은 날로 커져 갔습니다. 1년 동안 하루 10시간씩 죽어라 공부했으니 어학연수만 다녀오면 제 영어에 날개를 달 수 있을 것만 같았습니다. 부푼 꿈을 안고 떠났지만, 현지에 도착한 지 2주일 만에 깨달은 것은 '어학연수가 영어를 저절로 해결해 주지 않는다'는 사실이었습니다.

현지 ESL 학원에서 레벨 테스트를 받았습니다. 최고 단계였습니다. 두 달 만에 어학원 두 곳에서 수료증도 받았습니다. 그만큼 사전 준비 없이 무작정 현지에 와서 영어공부를 시작하는 사람들이 태반이라는 것을 피부로 실감했습니다. 한국에서 열심히 준비하고 와서인지 원어민 강사의 수업 내용을 어렵지 않게 이해할 수 있었습니다. 원어민 강사가 학생들 수준에 맞추어 수업을 진행했기 때문이라는 사실을 그때는 몰랐습니다.

시간만 6시간으로 늘었을 뿐 수업 내용은 한국에서 들었던 것과 별반 다르지 않았습니다. 그런데 수업을 마치고 숙소로 돌아가는 길에 지하철이나 거리에서 행인들의 대화를 들으며 뭔가 이상하다는 것을 느꼈습니다. 길에서 들리는 영어는 학원에서 익숙하게 듣던 영어가 아니었습니다. TV에서 나오는 소리도 너무 생소하게 들렸고 편의점에서 물건을 구입할 때도 점원이 제 영어를 한 번에 알아들은 적은 거의 없었습니다.

 학원 영어와 현실 영어가 다르다는 것만 느꼈을 뿐 그 원인이 무엇인지는 알 수 없었습니다. 결국 3개월 만에 귀국하기로 결심했습니다. 목표한 영어 실력을 얻지 못하고 빈손으로 돌아갈 생각을 하니 마음이 무거웠습니다.

 남은 기간 동안 의미 있는 추억을 만들고자 홈스테이 친구들과 일주일간 캐나다 동부 지역을 여행하기로 했습니다. 여행 중 현지인에게 길을 물어보다가 겪은 에피소드가 하나 있습니다. 캐나다에서 가장 규모가 큰 알곤퀸 주립 공원을 향해 가던 중이었습니다. 길에서 만난 할아버지에게 제가 길을 물었습니다.

"We are going to 'Algonquin Park'. Is this the right way?"
저희는 알곤퀸 공원으로 가는 중입니다. 이 길이 맞습니까?

 그런데 세 번이나 물어봐도 할아버지는 전혀 알아듣지 못했습니다. 그분은 한참을 곰곰이 생각하시더니 "Oh, you're probably saying '알곤퀸!'"이라고 말했습니다.

그때까지도 저는 영어에서 강세가 얼마나 중요한지 모르고 있었습니다. 강세 때문에 생기는 리듬감이 부족한 저의 영어가 현지에서 전혀 통하지 않았다는 것을 귀국하고도 7년이 지난 후에야 알게 되었습니다.

우울한 귀국길

어학연수를 떠난 지 4개월 만에 귀국길에 올랐습니다. 경유지였던 미국 샌프란시스코 공항에서 연결 항공편을 기다리던 중이었습니다. 공항 대합실에서는 당시 미국 대선 공화당 후보와 민주당 후보의 토론을 시청하느라 사람들이 TV에서 눈을 떼지 못하고 있었습니다.

저도 귀를 기울였지만 한 마디도 알아듣지 못했습니다. 바로 옆에서는 보안 요원으로 보이는 백인과 흑인 남자가 열띤 논쟁을 벌이고 있었습니다. 그 역시 한 마디도 알아들을 수 없었습니다. 더 정확히 말하면 제가 들을 것은 영어가 아니라 난생 처음 들어보는 외계어 같은 소리였습니다. 엄청난 충격에 빠졌습니다. 비행기 안에서, 집으로 가는 공항버스 안에서 허탈감과 우울함에 휩싸였습니다.

'도대체 왜 들리지 않는 거지? 내 영어는 뭐가 문제일까?'

토익, 3개월 만에 끝내다

어학연수를 다녀왔으니 가시적인 성과물이 필요했습니다. 당시에는 어학연수를 다녀오면 토익 시험으로 성과를 측정하는 것이 통과의례와 같았습니다. 급한 마음에 토익 학원을 등록하고 교재도 구입했습니다. 벼락치기로 공부하고 3개월간 연속 응시하여 900점 이상의 점수를 얻었습니다. 운 좋게 얻은 토익 점수 덕분에 간신히 취업에 성공할 수 있었습니다.

하지만 영어에 대한 진짜 고민은 그때부터 시작되었습니다. 몇 개월의 해외 경험이 영어에 대한 생각을 송두리째 바꿔 놓았기 때문입니다. 결국 영어공부를 다시 시작하기로 결심했습니다. 결심은 쉬웠지만 이후 엄청난 고난이 기다리고 있을 줄은 그때는 꿈에도 상상하지 못했습니다.

우리는 지금까지 반대로 배웠다

현지 영어를 경험하고 적잖게 충격을 받고 나니 '시험용 영어가 아닌 실제 쓰이는 영어를 잘하고 싶다'는 생각이 간절해졌습니다. 그래서 취업 후에도 꾸준히 오프라인 영어 스터디를 계속했습니다. 바쁜 시간을 쪼개어 매일 한 시간씩 영어회화 교재를 외우고 일주일에 한 번 만나 대화 연습을 하는 방식이었습니다. 그렇게 영어공부를 계속한 지 7년째 되던 어느 날, 저를 큰 충격에 빠뜨린 사건이 또 한 번 일어났습니다.

지인이 운영하는 영어학원의 원어민 강사들이 토요일 저녁마다 호프집에서 모인다는 소식을 들었습니다. 그동안 갈고닦은 영어 실력을 체크할 겸 기대 반 설렘 반으로 모임에 참석했습니다. 캐나다에서 온 원어민 강사 세 명이었습니다. 같은 고향 사람들의 모임이라 그런지 그들은 엄청나게 빠른 속도로 대화를 했습니다. 제가 그동안 접하던 학습용 영어가 아니었습니다. 무슨 말인지 모르지만 자기들끼리 신나서 웃고 떠드는 화기애애한 분위기 속에서 저는 한없이 작아졌습니다.

그날 저녁 저는 제 귀를 의심했습니다. 솔직히 원어민 강사의 대화를 한 마디도 알아듣지 못했습니다. 자존감은 바닥까지 무너져 내렸고 뭔가 결단이 필요한 때가 왔음을 느꼈습니다. 여기서 영어공부를 그만둘지 아니면 영어가 안 들리는 원인을 밝혀내서 다시 도전해 볼지 선택의 갈림길에 서게 되었습니다.

그 후로 한동안 영어공부를 멈추고 영어가 안 되는 원인을 연구했습니다. 그리고 알게 되었습니다. 그동안 제가 얼마나 바보같이 공부해 왔는지를.

세상에 태어난 오리 새끼가 처음 본 대상을 어미로 따르듯이 우리가 처음 배운 영어공부법을 맹목적으로 받아들인 것이 문제였습니다. 첫 단추가 잘못 끼워진지도 모른 채 지금까지 온 것입니다.

영어의 원리를 연구하다 놀라운 사실을 발견했습니다. 지금까지 우리가 받은 교육은 영어를 잘하기 위해 취해야 할 방향과 반대로 되어 있습니다. 더 충격적인 것은 일제강점기 때 들여온 교육 방식을 지금까지 버리지 못하고 있다는 것입니다. 그동안 우리가 영어를 어떻게 배웠는지 간단히 정리해 봤습니다.

※ 그동안 우리가 영어를 배운 방법

① 문자 중심으로 배웠다

언어는 소리와 문자로 이루어져 있다. 언어를 제대로 습득하기 위해서는 소리언어와 문자언어가 적절하게 조화를 이루어야 한다. 입시 위주 교육으로 인해 문자 영어만 편식했기 때문에 눈으로 보면 아는 것 같지만 소리로 들으면 못 알아듣는 반쪽짜리 영어가 되었다.

② 단어를 철자로 외웠다

영어에는 발음기호가 있다. 발음기호에 따라 입 크기, 혀 위치, 입술의 모양이 달라진다. 하지만 우리는 영어단어를 익힐 때 발음기호(소리)를 무시하고 철자만 외웠다. 한국어는 발음기호가 없는 소리글자이지만, 영어는 발음기호로 소리를 낸다.

③ 단어만 따로 외웠다

모든 언어는 문장으로 말하고 문장 단위로 듣는다. 아무리 단어를 많이 알아도 단어가 조합된 문장을 모르면 말이 통하지 않는다. 그런데 영어단어와 한글 뜻을 일대일로 정리한 단어장을 만들어 단어만 열심히 외웠다.

④ 오직 눈으로만 배웠다

일상적인 언어활동은 주로 듣기와 말하기다. 그러나 우리는 영어를 배울 때 시험에 나오는 문법과 독해에만 열중했다. 눈으로 이해하기 위한 공부만 한 것이다. 말하기 연습은 하지 않아서 영어로 의사소통이 안 된다.

⑤ 우리말 어순으로 번역했다

영어를 들을 때 끝까지 따라가지 못하는 이유는 우리말로 해석하기 때문이다. 언어를 제대로 이해하는 방법은 번역하지 않고 이미지를 그리는 것이다. 소리에 익숙해지고 내용에 대한 배경지식이 있으면 상황을 그릴 수 있다.

⑥ 일대일 대응으로 해석했다

영어는 핵심 단어를 중심으로 3~4개 단어가 뭉쳐져 의미를 나타낸다. 단어를 하나씩 쫓아가며 들으니 너무 느려서 놓치고, 읽거나 말할 때도 더듬거린다. 영어와 한국어를 일대일로 대응하지 말고 의미 단위로 이해해야 한다.

⑦ 암기 과목으로 공부했다

영어는 시험 과목이 아니라 걷기처럼 매일 하는 생활 습관이다. 머리로 외우는 암기 과목이라기보다는 음악, 미술, 체육과 같이 몸으로 익히는 예체능에 가깝다. 공부처럼 암기하지 말고 운동처럼 몸을 사용해야 한다.

⑧ 시험에 나오는 것만 공부했다

시험에 나오는 문장은 실생활에서 써먹을 일이 거의 없다. 때문에 시험에서 고득점을 받아도 영어회화가 안 되는 것이다. 말을 잘하려면 시험에 나오는 문장이 아니라 내가 말하고 싶은 문장을 소리 내서 연습해야 한다.

생각거리 01
교육 선진국의 영어교육

▶ 세계 교육제도 상위 10개국

1위	핀란드
2위	싱가포르
3위	네덜란드
4위	스위스
5위	벨기에
6위	아랍 에미리트
7위	미국
8위	노르웨이
9위	뉴질랜드
10위	덴마크

출처: The Global Competitiveness Report 2014-2015

핀란드는 국민의 70% 이상이 일상적인 영어를 말할 수 있습니다. 핀란드어의 어족과 어순은 한국어와 비슷합니다. 그런데도 대부분의 핀란드 국민이 일상생활에서 영어를 자연스럽게 구사할 수 있다는 점은 우리에게 시사하는 바가 큽니다.

1980년대 초까지 핀란드도 우리나라와 비슷한 교육제도를 유지했다고 합니다. 하지만 시험 제도를 없애고 말하기와 놀이 위주의 실용적인 수업 방식으로 바꾼 후 '영어 말하기 세계 3위', '교육 경쟁력 세계 1위'의 국가로 변모했습니다.

▶ 핀란드와 한국의 교육 방식 비교

핀란드	한국
실용 영어 위주의 수업	독해와 문법 위주의 수업
학생들이 주도적으로 참여	교사가 주도하는 주입식 수업
말하기와 쓰기만 평가	객관식 시험
성적을 매기지 않음	성적에 반영
수업 및 일상생활에서 영어에 노출 및 사용	일상생활 및 수업 시간에도 영어를 사용 안 함

※ **핀란드 영어교육의 특징**

    1. 말하기와 쓰기가 중심이다.

    2. 수업 시간에 영어로 대화한다.

    3. 평가는 있지만 점수는 없다.

All our dreams can come true
if we have the courage
to pursue them.
_Walt Disney

우리의 꿈은 다 이루어질 수 있다.
그것을 쫓을 용기가 있다면.

02

도대체
내 영어는
뭐가 문제일까?

10년 넘게 공부해도 영어가 안 되는 이유

'1만 시간의 법칙'이라는 이론이 있습니다. 어떤 분야의 전문가가 되기 위해서는 최소 1만 시간의 훈련이 필요하다는 것입니다. '1만 시간의 법칙'은 말콤 글래드웰이 쓴 《아웃라이어》에 소개되면서 유명해졌습니다. 이 이론의 창시자인 안데르스 에릭슨 교수는 글래드웰이 자신의 이론을 왜곡했다고 주장합니다. 급기야 《1만 시간의 재발견》(비즈니스북스)이라는 책을 내고 노력에 대한 내용을 재정의했습니다. 그는 다음과 같이 말합니다.

"어떤 분야에 대해 1만 시간의 훈련을 했더라도 그 분야의 전문가가 되지 못하는 경우도 있다."

에릭슨 교수는 이것을 '노력의 배신'이라고 부릅니다. 노력의 배신에 부딪히는 이유는 방법이 잘못되었기 때문이라고 말합니다. 베토벤, 모차르트, 아인슈타인과 같은 사람들도 '올바른 연습'으로 업적을 이뤘으며 타고난 천재는 없다는 것입니다. 또한, 단순한 연습이 아니라 목적이 있는 의식적인 연습이 중요하다고 말합니다.

- 1만 시간 노력해도 그 분야 전문가가 되지 못하는 이유는?
  ↳ 방법이 잘못되었다.
- 어떤 노력을 해야 하는가?
  ↳ 시간만 보내는 노력이 아닌 의식적인 노력을 해야 한다.

그가 말하는 '1만 시간의 법칙'의 핵심은 "1만 시간 동안 무조건 열심히 하면 목표에 도달할 수 있다는 게 아니다."라며 '얼마나 오래'가 아니라 '얼마나 올바른 방법으로' 노력하는지가 중요하다고 강조합니다. 영어 실력도 물리적인 시간을 따지기보다 적은 시간이라도 목적을 갖고 의식적으로 연습하면 충분히 소기의 성과를 이룰 수 있습니다.

10년간 얼마나 공부했나

우리나라 사람들은 '영어를 10년 넘게 배웠다'는 말을 종종 합니다. 정말 그만큼 많은 시간을 투자한 걸까요?

하루 24시간 중 잠자고 밥 먹는 시간 10시간 정도를 제외하면 14시간 정도가 됩니다. 하루 14시간씩 10년을 공부한다고 가정하고 계산해 보면 51,100시간입니다. 10년간 하루도 안 빠지고 1시간씩 공부했다고 해도 3,650시간밖에 안 됩니다. 주말에는 쉬어야 하니까 2,610시간. 날짜로 환산하면 108일이니까 고작 3개월이 조금 넘는 시간입니다. 그렇게 오래 공부한 것이 아닙니다. 10년이 아니라 3개월 정도 공부한 것입니다. 10년간 영어를 배운 게 아니라 영어를 접한 지 10년째 되었다는 표현이 더 맞습니다. 10년 전에 딴 장롱면허로 3개월 정도 운전한 사람이 "난 왜 운전을 이렇게 못하지?"라고 말하는 것과 같습니다.

기간은 그렇다 치고 그 기간 동안 말하는 연습은 거의 하지 않고 문법과 독해 위주로 공부했습니다. 도로에서 주행 연습은 하지 않고 교통 법규만 공부한 것과 다르지 않습니다. 수영을 배우려는 사람이 물에는 들어가지 않고 물 밖에서 숨 쉬는 법, 발차기, 팔 젓는 법에 대한 이론만 배우고 있다면 수영을 잘할 수 있을까요? 문법책이나 수험서를 공부하면서 유창한 말하기를 꿈꾼다면 노래 연습은 하지 않고 음악 이론만 공부하면서 훌륭한 가수가 되기를 바라는 것과 같습니다. 시험 점수가 높다고 영어를 잘하는 거라고 착각하면 안 됩니다. 시험 점수를 높이려면 시험에 나오는 내용을 열심히 공부하면 됩니다. 듣고 말하는 실용 영어를 잘하려면 말하기 연습 시간을 늘려야 합니다. 영어는 노력한 대로 결과를 보여 줍니다.

잘못된 방법으로 했다

　등산을 자주 다니는 사람은 어느 길로 가야 힘이 덜 드는지 잘 알고 있습니다. 초행인 사람은 숲속에서 길을 잃고 헤매기 쉽지만, 먼저 올라간 사람이 설치해 놓은 이정표를 따라가면 큰 어려움 없이 목적지에 도착할 수 있습니다. 영어도 마찬가지입니다. 영어를 잘하는 사람들이 했던 방법을 따라 하면 시행착오와 에너지 낭비를 줄일 수 있습니다. 만일 1만 시간의 노력을 잘못된 방법으로 실행한다면 그 결과가 어떻게 될까요? 목표를 이루는 가장 좋은 방법은 그것을 이룬 사람들의 행동 방식을 따라 하는 것입니다. 영국의 시인이자 극작가인 존 드라이든은 이렇게 말했습니다.

"처음에는 우리가 습관을 만들지만 그다음에는 습관이 우리를 만든다."

영역	영어 못하는 사람의 습관	영어 잘하는 사람의 습관
읽기	독해(해석)를 한다	독서(이해)를 한다
	어려운 영어책을 읽는다	쉬운 영어책을 읽는다
	우리말로 번역해서 이해한다	이미지를 떠올려 이해한다
듣기	듣기만 한다	소리 내서 따라 말한다
	책상에 앉아서 듣는다	언제 어디서나 듣는다
	새로운 자료를 듣는다	연습한 자료를 듣는다
말하기	문장 규칙을 공부한다	실제 쓰이는 문장을 외운다
	한국어 발성으로 말한다	영어식 발성으로 말한다
	눈으로 공부한다	소리 내서 연습한다
복습	새로운 것을 배우기만 한다	틈나는 대로 복습한다
	여러 번 읽는다	안 보고 회상하는 연습을 한다
	한꺼번에 몰아서 한다	조금씩 자주 한다
시간 관리	시간을 내서 한다	자투리 시간을 활용한다
	퇴근 후 저녁에 한다	아침에 가장 먼저 한다
어휘	단어만 따로 외운다	문장 안에서 함께 익힌다

목표와 전략이 없었다

우리나라는 영어를 배우기만 하고 일상생활에서 사용하지 않는 EFL(English as a Foreign Language) 환경입니다. ESL(English as a Second Language) 환경에서는 늘 영어를 사용하기 때문에 언어 능력이 향상되지만, EFL 환경에서는 의식적인 노력을 하지 않으면 실력 향상을 기대하기 어렵습니다. 따라서 부족한 노출을 보완하기 위한 환경을 스스로 만들어야 합니다. 예를 들면, 영어를 사용하는 시간대를 정해 놓고 주변에 사람이 없을 때마다 듣고 말하는 연습을 하는 것입니다. 직장인은 보통 하루에 한 시간 정도 수업하는 영어학원을 다니며 실력 향상을 바랍니다. 주 5일 근무제를 감안하여 1년 동안 공부한 시간을 계산해 보면 다음과 같습니다.

1시간/일 × 5일/주 × 4주/월 × 12개월/년 = 240시간

원어민 회화 수업은 원어민 강사 한 명과 다수의 학생이 참여하는 열악한 환경입니다. 원어민 강사와 대화할 수 있는 시간은 50분 중에서 잘해야 10분 정도밖에 되지 않습니다. 일대일로 대화할 수 있는 시간을 계산해 보면 시간은 1/5로 더 단축됩니다.

학생 5명이 참여하는 수업의 경우
240시간 ÷ 5명 = 48시간

1년간 학원에 다니며 투자한 시간이 고작 이틀 정도인 셈입니다. 10년을 한다고 가정해도 20일 정도밖에 되지 않습니다. 주말을 제

외하고 하루에 1시간씩 원어민과 일대일 과외를 10년간 한다고 가정해도

240시간 × 10년 = 2,400시간
2,400시간 ÷ 24시간 = 100일

3개월 정도에 불과합니다. 하루 종일 영어만 듣고 말하는 영어권 국가에 살다 온다고 하더라도 3개월 만에 영어 능력이 완성될 거라고 기대하는 사람은 없을 것입니다.

이렇게 환경적으로 불리한 조건에서 적은 시간으로 성과를 내려면 목표를 단순화하고 집중적으로 훈련하는 것이 중요합니다. 저는 '일상에서 자주 쓰는 영어회화'를 목표로 정했습니다. 그리고 매일 한 시간씩 대화체 문장을 연습하는 데 집중했습니다. 수영을 배울 때 자유형부터 마스터하고 다른 영법으로 배우는 범위를 확장해 나가는 것과 비슷합니다.

시중의 영어학원이나 교육 프로그램은 대부분 ESL용으로 개발되었습니다. 우리 환경에 맞지 않을 뿐 아니라 돈과 시간을 낭비하는 시스템입니다. 우리에게는 시간을 효율적으로 활용해서 소기의 목표를 달성하는 전략이 필요합니다. 환경이 불리하다면 스스로 환

경을 만들어야 합니다. 모든 것은 자기가 하기 나름입니다. 나폴레옹은 최고의 전성기 때 이런 말을 했다고 합니다.

"상황? 무슨 상황? 상황은 내가 만든다."

영어는 공부가 아니라 운동이다

　수영 이론을 배우고 나서 바로 물에서 수영을 할 수 있다고 생각하는 사람은 없을 것입니다. 우리의 영어가 안 되는 이유가 바로 그렇습니다. 학교에서 영어를 다른 교과목처럼 지식으로만 배웠기 때문입니다. 언어를 머리로 이해만 하고 입을 사용하는 행위를 하지 않았기 때문입니다. 머리로 이해하는 것과 몸으로 체득하는 것은 전혀 다릅니다. '3인칭 단수가 주어일 때 동사 뒤에 s를 붙인다'는 문법 공식은 외우면 됩니다. 그러나 틀리지 않게 말하기 위해서는 끊임없이 연습해서 입에 숙달이 되어 있어야 합니다.

　Thank you.나 I'm sorry.는 우리말로 해석하지 않고 곧바로 말할 수 있습니다. 두 표현처럼 외국어는 몸으로 숙달되어서 반사적으로 나오도록 연습해야 합니다.

　우리말도 매일 똑같은 문장을 듣고 말하는 노력이 쌓여서 터득된 것입니다. 저절로 완성된 것이 아닙니다. 영어는 공부가 아니라 혀와 입술의 근육을 움직여 단련하는 구강 운동입니다. 영어에 접근하는 방식을 바꿔야 합니다.

명시적 지식과 암묵적 지식

　지식은 두 가지로 나눌 수 있습니다. 배움을 통해 얻는 '명시적 지식'과 익힘을 통해 얻는 '암묵적 지식'입니다. '명시적 지식'은 흔히 암기한다고 말하는 지식입니다. 책을 읽거나 정보를 얻을 때 의식적으로 하는 기억이 여기에 해당됩니다. 반면, '암묵적 지식'은 자전거 타기, 운전하기와 같이 운동 행위를 통해 무의식적으로 터득되는 지식입니다. 두 지식은 뇌에 저장되는 부위도 다릅니다. 명시적 지식은 뇌의 바깥 부분에, 암묵적 지식은 안쪽 부분에 저장됩니다. 명시적 지식은 말이나 문자로 표현할 수 있고 다른 사람에게 가르쳐 주기도 쉽습니다. 반면, 암묵적 지식은 글이나 말로 다른 사람에게 가르쳐 주기가 어렵습니다. 예를 들어, '대한민국의 수도는 서울이다'는 다른 사람에게 전달할 수 있는 명시적 지식이지만, '자전거 타는 법'은 글이나 말로 설명하기 어려운 암묵적 지식입니다. 암묵적 지식은 말로 표현해서는 잘 이해가 되지 않고, 스스로 몸을 사용해서 체득해야 합니다. 암묵적 지식은 공유하기도 어렵습니다. 스스로 의식하지 못하는 습관이나 행동으로 굳어져 있기 때문입니다. 명시적 지식은 시험공부와 같이 단기간에 머리로 암기할 수 있지만, 암묵적 지식은 오랜 시간을 들여 몸이 기억하도록 연습해야 합니다.

언젠가 〈EBS 지식프라임〉이라는 프로그램에서 '젓가락질, 골프 그리고 영어의 공통점'이라는 제목으로 방송을 한 적이 있습니다. 이 세 가지 모두 몸으로 체득하는 것이라는 점에서 암묵적 지식입니다. 영어는 책상에 앉아서 하는 공부를 통해서가 아니라 입술을 움직여 몸으로 연습해야 터득할 수 있습니다. 젓가락질을 하거나 운동을 하듯 영어도 몸으로 하는 생활습관으로 만들어야 합니다. 영어는 암묵적 지식에 가깝습니다. 명시적 지식을 배우는 다른 과목과는 학습 방법이 달라져야 합니다.

모국어와 외국어 습득의 차이

"모국어를 말할 때 어순, 문장 등은 절차기억을 활용하는 반면 외국어를 말할 때의 어순, 문장 등은 서술기억을 활용하는 경향이 있다. 외국어는 암기를 통해 서술기억으로 자리 잡게 되기 때문에 외국어를 구사할 때 절차기억의 활용도가 낮다."

– 《심리언어 연구 저널》, 조지타운대학교, 마이클 T. 울만 교수

위의 내용을 요약하면, 말하기는 영어의 문장 규칙을 머리에서 의식하지 않고 생각과 동시에 입에서 자동으로 나오도록 절차기억으로 만드는 훈련이라는 것입니다.

모국어는 매일 사용하는 환경에 노출되어 있어서 습관과 같이 뇌의 무의식 영역인 절차기억으로 저장이 됩니다. 따라서 문장 규칙을 의식하지 않고 생각과 동시에 말할 수 있습니다. 하지만 모국어에 비해 활용도가 낮은 외국어는 일반적으로 암기와 같은 서술기억에 의존하여 배웁니다. 서술기억은 말할 때 암기한 것을 생각해 내야 하기 때문에 절차기억보다 느리고 자연스럽지 못합니다.

모국어 어휘는 우리 뇌에 암기와 같은 서술기억으로, 문장은 습관과 같은 절차기억으로 저장됩니다. 하지만 외국어의 경우 문장은 의식적인 서술기억으로 저장됩니다. 따라서 말을 할 때 절차기억의 활용도가 매우 낮습니다. 영어로 말을 할 때 외운 문장을 기억해 내기 위해 한참을 생각해야 하는 것은 바로 그런 이유 때문입니다.

서술기억으로 배운 영어를 절차기억으로 바꾸는 가장 좋은 방법은 말하기 연습입니다. 동시통역사와 같이 영어를 잘하는 사람에게 비결을 물어보면 예외 없이 엄청난 양의 말하기 연습을 강조합니다. 몸으로 배우는 절차기억은 체득하는 시간이 오래 걸리지만 한 번 습득되면 서술기억보다 꺼내는 속도가 월등하게 빠릅니다. 말하기는 입이 머리보다 빨라야 합니다. 눈으로 보는 습관으로는 말하기 실력이 늘지 않습니다. 자꾸 입으로 소리 내서 말하는 훈련을 하는 것이 중요합니다.

눈으로 하는 영어공부는 편하고 쉽습니다. 아침에 영어 방송이나 팟캐스트를 들으면 심리적 만족감은 느낄 수 있지만 영어 실력이 되지는 않습니다. 한국어를 배우는 미국인이 한국어 방송만 시청하면 한국어 실력이 늘까요? 초보자일수록 수동적으로 듣기보다는 적극적으로 몸을 써야 합니다. 바로 소리 내서 따라 읽는 것입니다. 몸이 편한 방법으로는 영어를 잘할 수 없습니다. 틈나는 대로 영어문장을 읽으세요. 10번 듣는 것보다 큰 소리로 한 번 읽는 것이 더 낫습니다.

능동적인 훈련을 해야 한다

프로 운동선수들은 80%의 시간을 훈련에, 20%의 시간을 시합에 투자한다고 합니다. 통계 조사에 의하면, 직장인이 자기계발에 쓰는 시간은 하루 평균 1시간 정도라고 합니다. 운동선수라고 생각하면 거의 연습도 하지 않고 시합에 나가는 것과 마찬가지입니다.

영어를 스포츠 경기에 비유하면 읽기와 듣기는 관중, 쓰기와 말하기는 운동선수와 같습니다. 관중은 편안하게 즐기는 수동적 영역에 있는 반면 경기를 하는 선수는 치열하게 싸워야 하는 능동적 영역에 속해 있습니다. 관중은 선수의 경기를 관람하는 것 외에 별다른 노력을 하지 않아도 됩니다. 반면 선수는 승부가 걸린 단 몇 분의 경기에 나가기 위해 평소에 엄청난 양의 훈련을 해야 합니다. 수동적 영역과 능동적 영역은 에너지 소비에 있어서 이처럼 엄청난 차이가 납니다.

어떤 것을 배우고 48시간이 지난 후 얼마나 기억하는지에 대한 흥미로운 실험 결과가 있습니다.

"읽기만 한 사람들은 10% 정도 기억하고,
보고 들은 사람들은 50%,
다른 사람에게 가르친 사람들은 90%까지 기억했다."

역시 능동적으로 가르치는 것이 제대로 배우는 것임을 알 수 있습니다. 영어 듣기는 복잡한 문장 구조를 잘 이해하지 못하더라도 키워드 몇 개만 듣고도 어느 정도 내용을 유추할 수 있습니다. 하지만 말하기는 다릅니다. 말하기는 단어만 많이 알고 있다고 해서 되지 않습니다. '가르치면 90%까지 기억한다'는 말처럼 소리 내서 말하기 연습과 같이 능동적인 훈련을 해야 잘할 수 있습니다. 영어는 공부가 아니라 운동에 가깝습니다.

쉬운 영어를 잘해야 진짜 실력자다

'초보 운전자'를 영어로는 Sunday driver라고 합니다. 한적한 일요일, 교외에서 소심하게 운전대를 잡고 있는 사람의 모습이 연상되죠. 저도 처음 운전을 배울 때 주로 교외에서 주행 연습을 했습니다. 그때는 운전을 잘하는 사람이 세상에서 가장 부럽기도 했습니다. 어릴 적 〈소림사〉 같은 무술 영화를 보면 스승은 제자에게 처음부터 중요한 기술을 가르쳐 주지 않았습니다. 오히려 마당 쓸기, 물 길어 오기 같은 허드렛일을 시켰습니다. 수련 과정을 통과한 사람에게만 제자가 될 자격이 주어졌습니다. 2002년 우리나라 월드컵 대표팀을 4강 진출로 이끌었던 히딩크 감독도 다른 기술보다 체력 훈련을 최우선에 두었습니다.

영어도 기초가 중요합니다. 한국인의 영어가 막혀 있는 이유는 그동안 기초에 소홀했기 때문입니다. 기본 표현을 익히거나 말하는 연습은 하지 않고 시험에 나오는 것만 공부하느라 시간을 다 써 버렸기 때문입니다.

영어를 잘하는 사람은 쉬운 문장으로 말합니다. 6살짜리 아이가 쉬운 말로 자신의 의사를 표현하듯 쉬운 영어를 숙달해야 합니다. 그러면 '영어가 별거 아니구나!' 하는 자신감이 생길 것입니다.

쉬운 영어가 중요하다

많은 사람들이 쉬운 글보다 어려운 글을 많이 읽어야 실력이 늘거라고 생각합니다. 하지만 반대로 쉬운 글을 많이 읽어야 실력이 더 빨리 향상됩니다. 쉬운 문장을 많이 접해야 자주 쓰이는 기본적인 문형부터 완벽하게 터득할 수 있기 때문입니다. 영어 고수들도 '쉬운 영어책 읽기'를 추천합니다. 자신들도 그렇게 영어 실력을 쌓았기 때문입니다.

저도 오랫동안 영어를 배우면서 말하기 실력이 나아지지 않아 고민을 많이 했습니다. 한참 후에 그간 공부한 책들을 보다가 그 이유를 명확히 알게 되었습니다. '내가 왜 이런 표현들을 공부했을까?'라는 생각이 들 정도로 불필요한 문장이 많았습니다. 바쁜 생활 속에서 어렵게 마련한 시간에 평생 한두 번 들어 볼까 말까 하는 표현을 외웠던 것입니다. 가장 중요한 기본 문형을 익히는 것은 소홀히 하면서 말이죠. 원어민들은 쉽게 말하는 것을 좋아합니다. 따라서 쉬운 영어를 잘하는 것이 중요합니다.

직장인이 일상생활에서 자주 쓰는 표현을 정리해 보니 700개 정도가 되더군요. 영어회화를 잘하고 싶다면 평소에 내가 어떤 말을 자주 하는지 알아 두면 좋습니다. 내가 자주 하는 말을 영어로 어떻게 표현하는지 알아내서 숙달하면 바로 써먹을 수 있습니다. 우리가 매일 쓰는 한국말도 글로 적어 보면 어려운 문장은 몇 개 되지 않습니다.

영어도 마찬가지입니다. 영어회화 책을 공부할 때 무작정 많은 표현을 외우지 말고 나에게 필요한 표현들을 체크해서 우선적으로 연습해 보세요. 경영학의 대가인 피터 드러커는 "하지 않아도 될 일을 효율적으로 하는 것만큼 쓸모없는 일은 없다."라고 말했습니다. 시간이 부족한 직장인에게는 불필요한 공부량을 줄이는 것도 상당히 큰 성과입니다.

바쁠수록 효율적으로

평범한 직장인이 영어공부를 위해 쓸 수 있는 시간은 많지 않습니다. 평일에는 출퇴근 시간을 포함해 대부분의 시간을 직장에서 보냅니다. 6시에 칼퇴근하더라도 저녁 식사를 마치고 잠시 휴식을 취하고 나면 어느새 9시가 넘습니다. 일주일에 두세 번 정도 운동도 해야 하고 회식이나 야근을 하는 날도 있습니다. 하루에 한 시간씩 꾸준히 영어에 투자한다는 것은 말처럼 쉬운 일이 아닙니다. 의지력만으로 해결할 수 없는 변수가 무수히 많습니다.

주말에는 더 바쁩니다. 평일에 격무에 시달렸던 몸과 마음을 달래 주어야 하기에 영어공부를 또다시 미루게 됩니다. 저처럼 아이를 키우는 아빠라면 아이들과 놀아 줘야 하니 개인적인 자유 시간은 거의 없는 것이나 마찬가지입니다. 주말에는 휴식을 취하기에도 바쁜 게 우리의 현실입니다.

그러면 어떻게 하는 것이 좋을까요? 시간이 넉넉하지 않을수록 적은 시간을 효율적으로 사용하는 전략이 중요합니다. 바로 '선택과 집중'입니다. 자원이 부족하면 현재 가진 것을 최대한 활용해야 합니다. 낭비를 줄이고 핵심에만 집중하는 것입니다. 불필요한 일을 제거하면 시간 낭비를 줄일 수 있습니다. 필요한 것을 명확하게 정하고 꼭 필요한 일을 하는 데만 시간을 써야 합니다.

쉬운 영어 정복하는 법

쉬운 책과 문장으로 공부한다고 해서 방법까지 쉬운 것은 아닙니다. 영어를 잘하기 위해서는 우리말을 터득하는 데 적용한 방법을 그대로 사용해야 합니다. 단어와 표현을 많이 외우면 되는 게 아니라 입과 귀를 사용하여 배운 표현을 연습하는 방식으로 실행 방법을 바꿔야 합니다.

외국어 달인들이 공통적으로 하는 이야기가 있습니다. 머리가 아니라 몸으로 익혔다는 것입니다. 그러기 위해서는 매일 틈나는 대로 소리 내서 읽고 걸어 다니면서 중얼거리고 자기 전에 암송하는 습관을 들여야 합니다. 더 쉬운 방법을 찾는 데 시간을 보내거나 과거에 해 왔던 방법을 고수하면 실력은 변하지 않습니다. 머리로 이해하는 영어는 편하고 쉽습니다. 몸을 불편하게 하는 영어는 힘들지만 실력을 높여 줍니다.

'선택과 집중' 다음에 필요한 것은 '시간의 축적'입니다. '구슬이 서 말이라도 꿰어야 보배'라는 말이 있듯이 좋은 책과 방법도 행동으로 연결되지 않으면 성과로 이어지지 않습니다.

한 분야의 고수가 되기 위해서는 힘들고 어려운 길을 선택하는 용기가 필요합니다. 영어를 잘하고 싶다면 몸이 고된 과정을 감수해야 합니다. 혁신은 순간적인 발명이 아닙니다. 위대한 사람들은 뛰어난 머리와 창의적인 아이디어만으로 성공한 것이 아닙니다. 수많은 시행착오를 겪으면서 끊임없이 도전하는 시간이 축적되어 만들어진 것입니다. 외국어는 몸으로 체득하는 것입니다. 쉬운 책으로 공부하되 노력을 들여야 합니다. 쉬운 영어문장을 많이 읽으세요. 외국어 고수가 되는 지름길입니다.

※ 직장인에게 추천하는 영어공부법

① 쉬운 영어 표현을 마스터한다.

② 말하기 연습과 읽기에 집중한다.

③ 하루 중 틈새 시간을 활용한다.

문법에 대한 집착을 버리자

 길을 가다 모르는 사람이 아는 척을 하면 "혹시 저를 아세요?"라고 말하죠? 우리말로 생각하면 Do you know me?라고 할 것 같지만 영어로는 Do I know you?라고 말합니다. 영어식 사고로는 나를 알고 있다고 생각하는 사람에게 나를 아느냐고 묻는 것은 이치에 맞지 않습니다. 그래서 "제가 당신을 알고 있나요?"와 같은 식으로 말하는 것입니다.

 '음식이 맛있다'고 말할 때 원어민들은 delicious라는 표현을 잘 쓰지 않습니다. 그들에게는 delicious가 극도로 과장된 표현이라 어색하게 느껴진다고 합니다. '맛있다'고 할 때는 보통 It's good. 또는 It tastes good.이라고 말합니다.

언어는 그 언어를 사용하는 사람들의 습관, 즉 용법을 따릅니다. 한국에서 방송 활동을 하는 외국인들이 한국어 문법책을 외워서 한국어를 잘하게 되었을까요? 한국인들과 부딪히면서 자주 듣는 표현을 메모하고 자기 것으로 소화한 것입니다. 문법이 아니라 실제 사용하는 문장을 중심으로 익힌 것입니다. 언어는 규칙부터 외워 놓고 배우는 것이 아닙니다. 문장을 사용하면서 실수를 줄여 나가는 것입니다.

문법 위주 교육의 문제점

우리나라 교육은 일차적으로 대학 입시가 목표입니다. 그래서 의사소통이 아니라 시험 점수를 받는 데 초점이 맞춰져 있습니다. 말을 못해도, 글을 못 써도 문제만 잘 풀면 됩니다. 문법 교육이 욕을 먹는 이유는 의사소통 능력을 기르는 데 장애가 되기 때문입니다. 학교 교육의 목표가 실용 영어 능력 습득이 아니라면 현실적으로 개선되기는 어렵습니다.

우리가 원하는 영어 능력은 한 번에 듣고 이해하고, 하고 싶은 말을 편하게 하는 것입니다. 이 능력은 시험공부 하던 습관으로는 만들 수 없습니다. 문법 공부는 말하기나 글쓰기 실력에 직접적으로 도움을 주기 어렵기 때문입니다.

우리말을 배울 때도 문법 이론은 중학교에 가서 배웁니다. 적어도 말하기와 듣기 능력이 갖추어진 다음입니다. 문법이 그렇게 중요하다면 유치원이나 초등학교에 입학하기 전에 배워야 맞습니다. 문법을 배우는 목적은 말하기 능력과는 상관이 없습니다. 의사소통은 가능하지만 글로 표현할 때 오류를 범하지 않기 위해 정확한 규칙을 배우는 것입니다. 영어를 모국어로 쓰는 원어민도 문법 지식을 잘 모릅니다. 우리도 대부분 우리말 문법 규칙을 잘 모르고 말하는 것과 같습니다.

수학 문제도 책에 나온 공식만 외워서는 문제를 풀기 어렵습니다. 응용문제를 손으로 여러 번 풀어 봐야 실제 시험에서 감각적으로 풀 수 있습니다. 영어도 똑같은 원리입니다. 실제 사용하는 문장을 많이 알면 따로 규칙을 공부하지 않아도 문법 감각을 기를 수 있습니다. 우리에게 필요한 것은 문법 지식이 아니라 문법 감각입니다. 감각은 실제로 사용해야 기를 수 있습니다.

문법보다 용법이 중요하다

예전에 회화 학원에 다닐 때 원어민 강사에게 이렇게 물은 적이 있습니다.

"Can you explain this expression grammatically?"
이 표현을 문법적으로 설명해 주실래요?

원어민 강사는 이렇게 대답했습니다.

"I don't know. That's how we say."
잘 몰라요. 그냥 그렇게 말해요.

실제로 사용되는 표현에 적용된 규칙을 '용법'이라고 부릅니다. 원어민은 다른 사람에게 문법 규칙을 논리적으로 잘 설명하지 못하지만, 용법에 맞지 않은 표현이나 문장을 접하면 어색함을 느낍니다. 자신도 모르게 문법 감각이 내장되어 있는 것입니다. 우리도 우리말에 적용된 문법 규칙은 잘 모르고 실제 쓰이는 표현 중심으로 습득했습니다. 언어를 배울 때 중요한 것은 문법과 같은 이론이 아니라 실제로 사용되는 용법입니다. 문법 지식은 필요하지만 그전에 쓰이는 표현부터 익혀야 합니다.

문법은 단어를 일정한 순서로 배열해서 문장을 만드는 공식입니다. 그런데 문법 규칙은 공식만 알려 줄 뿐 내용을 전달하는 데 필요한 단어나 표현은 알려 주지 않습니다. 예를 들어, '주어+be동사+전치사+명사'라는 문법 규칙을 알고 있어도 이 규칙이 적용된 표현을 모르면 필요한 말을 할 수가 없습니다.

I should not drink because I am on medication these days.
요즘 약 먹고 있어서 술 마시면 안 돼요.

I was in a car accident on my way to work this morning.
오늘 아침에 출근길에 교통사고가 났어요.

위 문장을 말하기 위해서는 be on medication, be in a car accident, on my way to work와 같은 표현을 알아야 합니다. 공식이나 규칙만 아는 것은 말하는 데 도움이 되지 않습니다. 사실 문법 규칙보다 표현 자체를 몰라서 말을 못하는 경우가 대부분입니다. 따라서 실제로 어떤 단어들의 조합으로 문장이 이루어지는지 관찰하고, 말하고, 써 보는 방식으로 공부 방법을 바꿔야 합니다.

실제 쓰이는 표현을 먼저 익혀라

문법을 외우지 않아도 문법 감각을 갖고 있으면 문법에 맞게 말을 할 수 있습니다. 문법에 맞는 문장, 즉 원어민이 쓰는 문장을 그대로 익히면 문법 감각을 기를 수 있습니다. 책 속에 있는 죽은 지식이 아니라 실제 원어민이 쓰는 문장으로 용법을 익히는 것입니다.

우리는 영어문장의 기본 구조가 '주어+서술어+목적어'라고 알고 있지만, Thank you.에 주어가 없다고 문법적으로 틀렸다고 말하는 사람은 없습니다. 용법 중심으로 익혔기 때문입니다.

Thank you.나 Good morning.과 같은 표현은 문법을 의식하지 않고 자주 쓰이는 활용 중심으로 익혔습니다.

문법 중심 표현(문어체)	용법 중심 표현(구어체)
I'd like some water, please.	Water, please.
I wish you a merry Christmas.	Merry Christmas!
I beg your pardon?	Pardon?
I hope to see you agin.	See you again.

표에서 왼쪽에 있는 표현들은 문법적으로 완벽한 문장이지만, 실제 대화에서는 오른쪽과 같이 간결하게 말합니다. 이것이 바로 구어체 영어의 특징입니다. 해외여행을 할 때도 단어 몇 개만 조합하면 필요한 말을 대부분 할 수 있습니다. 오히려 문법 규칙을 엄격하게 지켜 말하면 원어민은 더 어색하게 느낍니다.

보고 들은 대로 흉내 내는 것이 언어의 기본입니다. 문법은 필요하지만 용법을 익히고 나서 알아두면 도움이 되는 참고사항일 뿐입니다. 영어 말하기를 잘하고 싶으면 구어체 문장을 따라 읽으세요. 영어 소설을 읽을 때도 구어체 표현이 많이 담긴 책을 고르는 것이 좋습니다. 회화 실력이 좋아지고 문법 감각도 키울 수 있습니다. 실제 쓰이는 문장을 익히면 문법 걱정은 안 해도 됩니다. 쓰이는 문장을 먼저 익히세요. 언어를 효율적으로 배우는 방법입니다.

영어보다 모국어가 더 중요하다

영어만 잘하면 무조건 좋을까요?

영어권 국가에서 태어난 한국인 대학생이 있습니다. 영어가 유창한 이 학생은 졸업 후 우리나라의 대기업에 취업하려고 합니다. 기업에서 영어가 유창하다는 이유만으로 그를 채용할까요? 한국어는 어설프지만 영어만 잘하면 더 유리할까요? 영어를 원어민처럼 완벽하게 구사하는 사람보다 영어는 조금 서툴더라도 한국어로 의사 표현을 정확히 할 수 있는 사람이 채용될 확률이 높습니다. 한국어 협상 능력이 떨어지는 사람이 영어를 구사할 수 있다고 해서 영어로 협상을 잘 해낼 수는 없기 때문입니다.

우리가 영어를 배우는 이유는 글로벌 세계에서 필요한 지식을 얻고 의사소통 능력을 기르기 위해서입니다. 좋은 대학에 가거나 취업을 잘하기 위해서가 아닙니다. 취업할 때 영어 점수가 필요하지만, 실제 업무를 하면서 더 필요한 것은 모국어로 하는 의사소통 능력과 문서 작성 능력입니다. 세상은 영어만 잘하는 사람을 필요로 하지 않습니다. 모국어로 자신의 능력을 발휘하면서 필요한 만큼의 영어 능력도 갖춘 사람입니다.

사고의 기반은 모국어다

"초등학교 취학 전 영어 몰입교육은 아주 위험한 선택이다. 얻는 것은 적고 불확실한 반면 잃는 것은 크고 확실하다. 무엇보다도 자기 머리로 생각하는 능력이 중요하다.

어린이 영어 몰입교육은 우리말로 생각하는 능력을 훼손할 수 있다. 다중 언어 능력이 없는 우리네 보통 사람은 다 모국어로 생각하고 모국어로 느끼고 살기 때문에 외국어로 쓰는 글도 모국어를 제대로 하는 사람이 더 잘할 수 있다."

유시민 작가가 《유시민의 글쓰기 특강》(생각의길)에서 한 말입니다. 유시민 작가는 독일에서 유학생활을 할 때 한국어로 생각하면서 논문을 썼습니다. 하지만 독일어로 생각하고 독일어로 글을 쓰는 독일 학생들보다 더 좋은 점수를 받았다고 합니다. 또한, 온 국민이 영어 잘하기로 유명한 핀란드 교육 제도의 근간도 철저한 모국어 교육에 있습니다.

생의 대부분을 모국어로 살아갈 사람에게는 모국어가 삶의 근간입니다. 사고 활동과 가치관 형성은 모국어를 바탕으로 이루어집니다. 외국어는 모국어의 기초 위에 세워지는 건축물과 같습니다. 모국어가 부실하면 당연히 외국어 능력도 따라갈 수 없습니다. 따라서 아이의 모국어가 한참 발달하는 시기에는 영어보다는 모국어 교육에 더 힘써야 합니다. 조기 영어교육으로 영어로 사고하는 아이를 만들어 준다는 광고에 현혹되면 안 됩니다.

모국어가 영어를 이끈다

1967년, 하버드대학의 언어학자 에릭 레네버그는 사춘기 이전을 '언어 습득의 결정적 시기'라고 주장했습니다. 언어 습득은 빠를수록 좋으며, 사춘기를 지나면 언어를 배우는 속도가 느려져 높은 수준에 도달할 수 없다는 것입니다. 하지만 이 유명한 연구의 대상은 외국어가 아니라 모국어였습니다.

많은 언어학자들은 언어를 효과적으로 배울 수 있는 시기가 9세에서 10세라고 말합니다. 그 시기가 모국어를 완전히 습득하는 시기이기 때문입니다. 모국어로 생각을 논리적으로 말할 수 있는 능력을 갖추면 외국어를 더 빨리, 보다 효과적으로 습득할 수 있습니다.

독일의 프랑크푸르트 국제학교와 영국 런던 국제학교 등에서 발행한 《비영어권 학생들의 부모를 위한 가이드》를 보면 모국어를 강조하는 글이 실려 있습니다. 제목은 'The importance of the mother tongue(모국어의 중요성)'입니다.

> "비영어권 학생들이 모국어의 언어 능력을 유지하고 계발시키면 그들이 보다 빠르게, 효과적으로 영어를 배우게 된다."

연구에 의하면, 모국어를 통해 획득된 여러 가지 언어 기술들이 제2언어를 배울 때 전이될 수 있다고 합니다. 한국어 독서 능력이 계발되어 있다면 그 능력이 영어 독서에 적용될 수 있다는 뜻입니다. 따라서 모국어로 된 책을 많이 읽는 것을 강력하게 권하고 있습니다. 자녀들이 영어 학습과 더불어 모국어를 계속 계발한다면 보다 효과적으로 영어를 배울 수 있기 때문입니다.

결국 한국어 사고 능력이 완성되어야 외국어를 더 효율적으로 습득할 수 있습니다. 우리는 모국어처럼 영어를 배우는 것이 아니라 모국어를 통해 영어를 배웁니다. 따라서 모국어인 한국어가 탄탄해야 합니다. 모국어는 외국어 습득을 도우며 이끌어 갑니다. 모국어 기초 공사를 튼튼히 해야 영어를 견고하게 세울 수 있습니다.

영어보다 독서가 중요하다

지인의 자녀 중 5년간 미국에서 초등학교를 다니다 귀국한 학생이 있습니다. 한국어 능력이 부족해 학교생활에 어려움을 겪고 있고, 성적도 하위권으로 떨어져 학습 동기와 자신감을 잃어버렸다고 합니다. 친구들에게는 '한국어는 잘 못하면서 영어를 조금 하는 학생'으로 불립니다. 어렵게 배운 영어가 도움이 되지 못하고 오히려 자존감을 떨어뜨리는 결과를 초래한 것입니다. 영어권 국가에서 2년간 살다 왔지만 1년도 안 돼서 배웠던 영어를 대부분 잊어버린 사례도 있습니다. 이해력이 갖추어지지 않은 상태에서는 언어가 습득되지 않기 때문입니다. 영어를 배우기 전에 모국어로 생각하는 힘이 갖춰져 있어야 합니다.

모국어는 가만히 있어도 시간이 지나면 저절로 잘하게 된다고 생각하는 사람이 많습니다. 하지만 그것은 착각입니다. 아이들이 수학, 과학, 역사 등의 학교 공부에서 어려움을 겪는 근본적인 이유는 모국어를 이해하는 능력이 부족하기 때문입니다.

"오늘날 나를 만든 것은 동네 도서관입니다. 하버드 졸업장보다 더 소중한 것은 독서하는 습관입니다."

빌 게이츠가 했던 유명한 말입니다. 빌 게이츠와 같은 세계 최고의 부자들은 대부분 독서광입니다. 독서가 창의성, 인지능력, 커뮤니케이션 능력 등을 키워 주기 때문입니다. 자녀를 공부 잘하는 아이로 키우고 싶다면 선행 학습이 아니라 책을 많이 읽을 수 있는 환경을 만들어 주어야 합니다. 독서를 하면 모국어 이해력이 좋아지기 때문에 자연스럽게 다른 학습 능력도 좋아지게 마련입니다.

'세상의 모든 리더(leader)는 리더(reader)다.'라는 말이 있습니다. 외국어도 독서로 다져진 이해력을 기반으로 향상됩니다. 현명한 부모라면 나이가 어릴수록 모국어에 더 공을 들여야 합니다. 저도 아이들이 잠자리에 들 때 책을 읽어 주려고 노력합니다. 한글책이 영어책보다 영어 실력에 더 도움이 된다는 것을 알고 있으니까요.

생각거리 02

영어의 소리와 공명 현상

'클래식 음악을 많이 들으면 영어 청취에 도움이 된다'는 글을 본 적이 있습니다. 그게 무슨 뜻일까요? 한국어 소리의 주파수는 약 800~1,500 Hz인데 반해 영어의 주파수는 1,500~5,000Hz 정도 됩니다. 영어는 한국어보다 높은 음역대의 소리를 가지고 있습니다. 따라서 고음역대의 클래식 음악을 많이 들으면 영어 소리에 대한 민감성을 키워 준다는 뜻입니다.

▶ 언어별 주파수

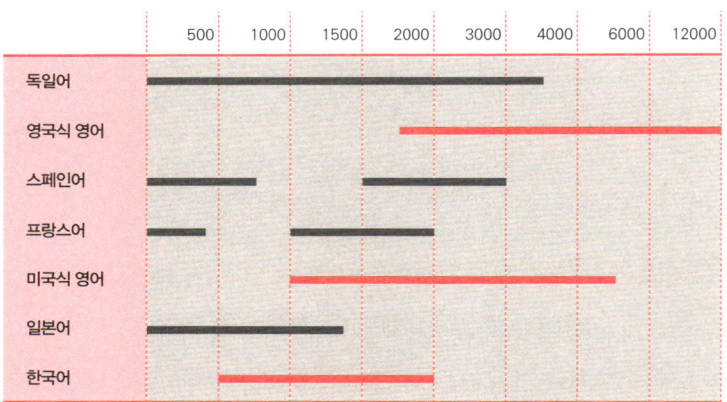

한국어와 일본어의 소리는 비슷한 주파수 영역대에 있습니다. 그래서 한국인이 일본어를 배울 때 다른 언어보다 비교적 쉽게 배울 수 있습니다. 그러나 영어의 소리는 한국어의 주파수 영역대를 많이 벗어나 있습니다. 그래서 한국인이 영어를 들으면 알아듣기 힘든 웅얼거리는 소리로 들리는 것입니다.

테이블 위에 두 개의 동일한 소리굽쇠를 놓고 한쪽을 고무망치로 때리면 옆에 있는 소리굽쇠도 함께 울립니다. 두 소리굽쇠의 고유 진동수가 같기 때문입니다. 모든 물체는 고유 진동수를 가지고 있고 소리는 주파수의 형태로 나타낼 수 있습니다. 주파수는 소리가 1초에 진동하는 횟수를 말합니다. 물체는 진동수가 같은 주파수의 파동과 만날 때 반응을 하는데, 이것을 '공명 현상'이라고 합니다.

전자레인지로 음식을 데울 때 음식물 안의 수분 분자와 전자레인지의 마이크로파의 진동수가 동일해지면 '공명'을 일으켜 음식이 익혀집니다. 또한, 라디오 주파수를 맞춰 라디오의 회로 주파수와 방송국의 전파 진동수를 일치시키면 '공명'을 일으켜 방송국에서 송출하는 소리를 들을 수 있습니다.

영어를 들을 때도 마찬가지입니다. 원어민이 발음하는 소리의 주파수를 가지고 있으면 그 소리를 정확하게 들을 수 있습니다. 듣는 사람의 뇌에 원어민이 내는 소리와 비슷한 주파수의 소리가 저장되어 있으면 서로 공명을 일으켜 알아듣게 되는 것입니다. 듣기 능력 향상을 위해 원어민의 발음과 억양, 호흡 등을 성대모사 하듯 따라 하라고 말하는 것은 바로 그런 이유 때문입니다.

Success is simple.
Do what's right,
the right way,
at the right time.
_Arnold H. Glasow

성공은 간단하다.
올바른 것을,
올바른 방식으로,
올바른 시간에 하라.

— 03 —

그냥 들으면
들리지 않는다

소리를 먼저 들을 수 있어야 한다

요즘에는 학교에서 영어 듣기 훈련을 많이 하고 예전보다는 환경이 나아졌다고 합니다. 그러나 아직도 학교에 하는 듣기 교육은 방향이 잘못되어 있습니다. 대표적인 예로, 영어단어를 가르치면서 철자를 먼저 외우게 합니다. 그런데 이것이 듣기 능력을 죽이고 있다는 사실을 잘 모르고 있습니다. 소리를 들을 수 있으면 철자는 그렇게 힘들이지 않고 알 수 있습니다. 영국이나 미국에는 철자 맞추기 대회(Spelling Bee)가 있습니다. 여러 음절 단어의 소리를 발음하면 아이가 철자를 맞추는 것입니다. 하지만 우리는 영어를 배울 때 철자부터 외웁니다. 결국 소리를 듣고 철자를 알아맞히는 능력은 죽어 버리고 맙니다.

모든 언어는 배우는 순서가 같습니다. 소리를 먼저 익히고 문자를 익히는 것입니다. 하지만 아직도 학교에서는 소리보다 문자를 더 중요하게 여깁니다. 소리보다는 문자가 점수를 매기고 평가하기 편하니까요. 안타깝지만 소리를 습득하는 능력은 개인의 몫으로 남겨집니다.

'밑 빠진 독에 물 붓기'는 그만

'많이 들으면 어느 날 갑자기 들린다'는 말은 거짓입니다. 영어를 처음 배우는 사람에게 영어 소리는 소음에 불과합니다. 우리 뇌는 알아들을 수 있는 소리만 저장합니다. 이해되지 않는 소리는 아무리 많이 들어도 들리지 않습니다. 의미 없는 소리를 계속 듣는 것은 '밑 빠진 독에 물 붓기'와 같습니다. 따라서 소리를 들을 수 있는 능력부터 만들어야 합니다.

영어를 잘하는 사람들은 어려운 영어 방송도 편하게 듣습니다. 귀가 뚫렸기 때문입니다. 그 사람들도 처음에는 소리를 듣는 능력부터 키웠습니다. 많이 듣는 행위가 실력에 보탬이 되기 위해서는 이미 소리를 알아듣는 능력을 갖추고 있어야 합니다. 따라서 초보자일수록 그냥 듣지 말고 소리를 들을 수 있는 능력을 만드는 데 집중해야 합니다.

소리를 알아듣는 것은 모든 언어의 시작입니다. 새로운 단어를 외우는 것보다 이미 알고 있는 단어의 글자와 소리를 일치시키기 위한 발음교정 훈련을 해야 합니다. 영어공부에 투자할 수 있는 시간이 하루 1시간이라면 읽고 이해하는 데 10분, 나머지 50분은 소리를 알아듣기 위한 발음교정에 쓰는 것이 좋습니다.

한국인은 특히 소리를 듣는 능력이 취약합니다. 따라서 처음에는 소리를 익히는 데 집중해야 합니다. 다소 개인차가 있지만 약 500시간 정도 발음교정 훈련을 하면 기존에 눈으로 알고 있는 단어를 대부분 들을 수 있습니다. 500시간은 하루에 1시간씩 2년 정도 투자해야 채울 수 있는 시간입니다. 단, 그동안 연습하던 것보다 3배 이상의 강도로 훈련해야 합니다. 과거의 잘못된 방법으로 해서는 1,000시간이 지나도 별다른 변화가 생기지 않습니다. 올바른 방법과 충분한 노력이 뒷받침되어야 성과를 거둘 수 있습니다.

소리를 등한시한 영어공부는 사상누각(沙上樓閣)과 같습니다. 기초가 부실한 건물은 허물고 처음부터 다시 지어야 합니다.

시중 영어 교재의 문제점

제가 15년이 넘는 기간 동안 시중에 나온 영어책으로 공부하면서 느낀 점이 있습니다. 내용이 대부분 영어 실력을 늘리는 데 필요한 것보다는 초보자가 원하는 수준에 맞추어져 있다는 것입니다. 영어문장뿐 아니라 부록으로 제공되는 원어민 음성 파일도 마찬가지입니다. 교재에 수록된 음성 자료는 실제 원어민이 쓰는 소리와는 차이가 큽니다. 조용한 스튜디오에서 한국인이 알아듣기 쉽게 또박또박 발음해서 녹음했기 때문입니다. 초보자 입장에서는 원어민 발음이 귀에 쏙쏙 들어오고 난이도도 적당해서 공부할 맛이 나겠지만, 영어 실력에는 별로 도움이 되지 않습니다. 실제로 원어민은 그렇게 말하지 않기 때문입니다.

초급 영어책 중에는 영어 발음을 한국어로 표기한 책들이 있습니다. 영어 발음에 약한 초보자들은 그런 책을 선호합니다. 하지만 영어 발음을 한글로 표기한 책은 영어공부를 쉽게 할 수 있게 도움을 주는 것이 아니라 오히려 방해가 됩니다. 영어는 한국어와 다른 언어입니다. 영어와 한국어는 발성 원리가 완전히 다르기 때문에 한국어로 제대로 표기할 수 있는 영어 발음은 거의 없습니다.

다소 시간이 걸리더라도 영어의 발성법을 익혀서 영어다운 소리를 내는 연습을 해야 장기적으로 실력이 향상될 수 있습니다. 한글 발음을 표기한 책은 먹을 때는 달콤하지만 건강을 해치는 정크 푸드와 같습니다. friend는 [프렌드]가 아닙니다. girl도 [걸]이 아닙니다. 소리는 글자로 배워서는 안 됩니다. 입 모양을 보고 따라 하면서 소리 내는 법을 배워야 합니다.

영어식 발성을 배워야 한다

인간은 태어나서 만 5세까지 소리를 습득하고 7세 이후부터 문자를 배웁니다. 문자를 배우면서 비로소 사회생활에 필요한 언어 능력을 만들어 갑니다. 그런데 학교에서는 영어를 정반대로 배웁니다. 소리 내는 법은 건너뛰고 알파벳부터 배우고, 단어는 철자부터 외우게 합니다. 한국어 발음으로 영어책을 읽고, 한국어 어순에 맞춰 번역하면서 영어를 원어민처럼 이해하고 말할 수 있기를 바랍니다. 노력은 정반대로 하면서 제대로 된 결과물을 바라고 있습니다. 저를 비롯한 대다수 성인들은 학교에서 배운 대로 영어를 공부했습니다. 유럽 사람들이 우리나라 사람들보다 더 똑똑해서 영어를 잘할까요? 영어를 배운 방법이 다른 것입니다. 수십 년간 답습한 방법이 효과가 없다면 지금이라도 과감하게 바꿔야 합니다.

다음은 앤 쿡이라는 미국인이 쓴 《American Accent Training》에 나오는 내용입니다. 그는 영어를 배우는 데 해야 할 것과 해서는 안 될 것들에 대해 강조합니다.

- **Do not speak word by word.**
  단어를 하나씩 끊어서 말하지 않는다.

- Connect words to form sound groups.
  단어들을 연결해서 소리 그룹을 만든다.

우리는 책을 읽을 때 또박또박 읽으라고 배웠습니다. 한국어는 음절을 하나씩 끊어서 또박또박 발음합니다. 하지만 영어는 한국어처럼 또박또박 읽으면 안 됩니다. 여러 개의 단어를 연결해서 하나의 덩어리로 읽어야 합니다. 여러 음절이 뭉쳐져서 한국어를 읽는 방식으로 읽을 때와는 매우 다르게 들립니다. 따라서 영어를 배울 때는 영어의 발성 원리에 따라 문장을 읽는 방법을 배워 둬야 합니다.

영어와 한국어 소리는 어떻게 다른가

　영어에서 L 발음을 설명할 때 자주 소개되는 단어 중 하나가 milk입니다. 우리는 보통 '밀크'라고 발음하지만 그렇게 발음하면 원어민은 알아듣지 못합니다. 원어민이 내는 소리와 비슷하게 하려면 '미역'과 같이 발음해야 합니다. [l] 발음을 하려면 혀끝을 입천장에 대야 합니다. 단어의 끝자음은 소리를 내지 않기 때문에 혀끝을 입천장에 댄 상태에서 [크] 발음을 하지 않고, 끝자음이 앞 음절의 받침으로 들어가 [미얼(크)] → [미억]과 같이 소리가 납니다.

　police[pəlís]도 '폴리스'라고 발음하면 원어민은 못 알아듣습니다. [펄리스]와 같이 강세를 확실하게 살려 말해야 한 번에 알아듣습니다. 영어를 제대로 소리 내기 위해서는 발음기호 원리를 알아야 하고 강세에도 관심을 기울여야 합니다.

음절 체계가 다르다

한국어는 소리글자입니다. 즉 글자 자체가 발음기호입니다. 반면에 영어는 발음기호가 별도로 있습니다. 영어는 글자가 아닌 발음기호를 기반으로 소리를 냅니다. 한국어는 자음과 모음이 하나씩 결합되어 음절을 만듭니다. 반면에 영어는 모음을 중심으로 앞뒤에 여러 자음과 결합해 하나의 음절을 이룹니다.

best friend [bést frénd]	한국어식 발음	영어식 발음
	베스트 프렌드	베슷 프렌
	6음절	2음절

best friend를 한국어식으로 읽으면 손뼉을 여섯 번 치며 '베스트 프렌드'와 같이 여섯 박자로 발음합니다. 여러 개의 자음이 겹쳐 있는 영어 음절을 한국어로 발음하려면 자음 하나마다 '으'와 같은 가상의 모음을 강제로 넣어서 발음해야 합니다. 하지만 영어식으로 읽으면 [베슷 프렌]과 같이 2음절로 발음합니다. 영어는 모음을 중심으로 발성하기 때문입니다. 영어에서는 자음의 개수가 중요하지 않습니다. 따라서 자음이 여러 개라도 모음이 한 개이면 1음

절로 발음합니다. best[best]와 friend[frend]는 모음이 한 개씩 있는 1음절 단어입니다. 손뼉을 두 번 치며 [베슷 프렌]과 같이 두 박자로 발음해야 합니다.

　이렇게 영어와 한국어는 음절의 개념이 다릅니다. 한국어는 글자 수와 음절 수가 일대일로 일치합니다. 그러나 영어는 모음의 개수가 음절 수를 결정합니다. 그래서 철자를 보고 발음하면 안 됩니다. 발음기호에 모음이 한 개이면 박수 한 번, 두 개이면 박수 두 번을 치듯 발음해야 합니다. Steve Jobs도 한국어식으로 발음하면 '스티브 잡스'와 같이 5음절이지만, 영어에서는 [스티브 잡스]와 같이 박수 두 번을 치며 2음절로 발음해야 합니다.

단어	발음기호	한국어발음	한국어 음절	영어 음절
strike	[straik]	스트라이크	5음절	1음절
ground	[graund]	그라운드	4음절	1음절
smart	[smaːrt]	스마트	3음절	1음절
cross	[krɔːs]	크로스	3음절	1음절
stream	[striːm]	스트림	3음절	1음절

▶ 다음절로 잘못 발음되는 1음절 단어의 예

청크 단위로 이해한다

　우리는 원어민이 말하는 속도가 빠르다고 느낍니다. 그 이유는 영어를 청크 단위로 발음하기 때문입니다. 원어민은 영어를 말하거나 들을 때 단어를 하나씩 개별적으로 인지하지 않고 의미 단위별로 이해합니다. '의미 단위(thought group)'란 여러 개의 단어가 모여 하나의 의미를 이루는 그룹을 말합니다. 이것을 '청크(chunk)'라고 부르고, 여러 단어를 묶어서 한 덩어리로 이해하는 것을 '청킹(chunking)'이라고 합니다. 청킹은 많은 단어로 이루어진 문장을 몇 개의 의미 덩어리로 줄여서 인지할 수 있게 해 줍니다. 청킹 훈련을 하면 단어와 문법을 생각하지 않고 영어를 이해할 수 있게 됩니다.

　인지심리학 연구에 따르면, 인간의 단기 기억 용량의 한계는 일반적으로 7개 단위를 넘지 못한다고 합니다. 따라서 단기 기억을 효율적으로 사용하기 위해서는 많은 정보를 여러 개의 단위로 줄여서 기억하는 게 편리합니다. 따라서 은행 계좌번호나 전화번호를 외울 때 무의미하게 연속된 숫자의 배열보다는 010-6342-9328과 같이 몇 개의 단위로 끊어 읽으면 훨씬 기억하기 쉽습니다.

　영어도 이와 비슷한 원리입니다. 12개의 단어로 구성된 문장이 3개의 의미 단위로 되어 있다면 12개 단어를 하나씩 읽는 것이 아니라 3개의 덩어리로 발음합니다. 3개의 덩어리를 읽기 때문에 박수를 세 번 치는 리듬으로 읽는 것입니다. 원어민이 빠르게 읽는 것이 아니라 청크 단위로 읽기 때문에 빠르게 느껴집니다. 젓가락으로 밥알을 한두 개씩 집어먹는 것보다 숟가락으로 퍼먹으면 빨리 먹을 수 있는 원리와 같습니다.

원어민은 청크 단위로 듣고, 읽고, 말합니다. 청크 단위로 연습하면 듣기, 읽기, 말하기 능력을 단기간에 효율적으로 향상시킬 수 있습니다. 영어를 잘하기 위해서는 청크 감각을 반드시 갖춰야 합니다.

I bought a book / at a bookstore / last week.   단어 9개 / 청크 3개
지난주에 / 서점에서 / 책 한 권을 구입했습니다.

Once upon a time / there was a lovely princess.   단어 9개 / 청크 2개
옛날 옛적에 / 사랑스러운 공주가 살았습니다.

영어에는 리듬이 있다

영어문장에서는 중요한 단어에 강세가 있습니다. 핵심을 담은 내용어는 강하게, 문법적 역할을 하는 기능어는 약하게 발음합니다. 기능어는 내용어와 연결되어 개별적인 발음과는 전혀 다른 소리로 바뀝니다. 한국인이 영어 듣기를 어렵게 느끼는 것은 대부분 이것 때문입니다.

내용어(Content Words)	기능어(Function Words)
명사, 동사, 형용사, 부사, 의문사, 지시사	관사, 전치사, 접속사, 대명사, 조동사, 관계사

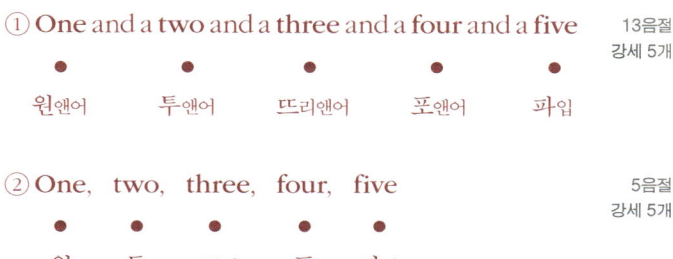

① One and a two and a three and a four and a five   13음절 강세 5개
   원앤어   투앤어   뜨리앤어   포앤어   파입

② One, two, three, four, five   5음절 강세 5개
   원   투   뜨리   포   파입

①번 문장은 음절 수가 13개, ②번 문장은 5개입니다. 두 문장은 음절 수가 두 배 이상 차이가 나지만 읽을 때 소리의 길이는 같습니다. 영어는 강세를 받는 음절 중심으로 읽기 때문입니다. 강세가 없는 음절은 강세를 받는 음절에 붙여 짧게 발음해야 하기 때문에 명료하게 들리지 않습니다.

한국어는 '음절 박자 언어', 영어는 '강세 박자 언어'라고 부릅니다. 한국어는 모든 음절이 강세를 받아 음절마다 동일한 톤으로 읽습니다. 반면, 영어는 2음절 이상의 모든 단어에 강세 음절과 강세가 없는 음절이 함께 존재합니다. 강세를 받는 음절은 길고 강하게,

강세가 없는 음절은 짧고 약하게 발음합니다. 그 결과 소리의 강약과 장단에 따른 높낮이, 즉 리듬이 생깁니다.

원어민이 말하는 것을 들으면 소리의 강약, 장단의 영향으로 파도가 물결치듯 리듬감이 느껴집니다. 한국어의 밋밋한 발음에 익숙한 사람은 영어 소리에서 리듬을 느끼기 어렵기 때문에 아는 문장도 알아듣기 어렵습니다. 따라서 영어를 리듬감 있게 읽는 연습이 뒷받침되어야 영어 듣기 실력을 향상시킬 수 있습니다.

The **driver** of the **bus** / **lost** control / after its **brakes failed**.
         (5단어)   (2단어)   (4단어)
버스 기사는 브레이크 고장 이후에 균형을 잃었습니다.

단어는 들리는데
이해가 안 되는 이유

 소리를 듣는 능력을 갖춘 후 부딪히는 문제는 단어는 들리지만 내용이 이해되지 않는 것입니다. 소리를 들을 수 있으면 그다음부터는 '이해할 수 있는 내용인가'와 '말하는 속도로 이해할 수 있는가'의 두 가지 조건이 듣기 실력을 좌우합니다.
 '읽어서 모르면 들어도 모른다'는 말이 있습니다. 눈으로 보고 이해가 되는 것만 들었을 때 이해할 수 있다는 뜻입니다. 쉽게 말하면, 한 번만 읽고도 바로 이해할 수 있어야 한다는 것입니다. 들으면서 동시에 이해하는 '직청직해'는 한 번 듣고 바로 이해하는 능력입니다. 영어를 듣고 바로 이해하기 위해서는 다음 세 가지 조건이 필요합니다.

① 아는 내용이어야 한다. (배경지식)
② 어순을 알아야 한다. (문장 구조)
③ 읽는 속도가 말하는 속도보다 빨라야 한다. (이해 속도)

배경지식이 필요하다

여행을 다녀온 친구가 여행지에서 있었던 이야기를 해 줄 때 우리는 자신의 뇌에 저장된 여행에 관련된 이미지를 불러와 이해합니다. 자신의 경험과 알고 있는 지식을 총동원하는 것입니다.

내용을 잘 모르는 강연을 들을 때 졸음이 오는 이유는 배경지식이 부족해 이해가 되지 않아 집중할 수 없기 때문입니다. 하물며 외국어인 영어를 이해하는 것은 두말할 필요가 없겠죠. 그만큼 내용에 대한 배경지식이 많아야 합니다.

영어 듣기를 위해 발음교정 훈련을 강조하면 가끔 이런 질문을 하는 분들이 있습니다.

"반기문 전 UN 사무총장은 발음이 좋지 않아도 영어를 알아듣는 데 아무 문제가 없는데 왜 굳이 발음 훈련을 해야 하죠?"
"다른 책에서는 발음이 안 좋아도 영어를 잘할 수 있다던데."

반기문 전 총장님은 학창시절부터 외교관이라는 꿈을 이루기 위해 영어로 된 무수히 많은 글을 읽었습니다. 많은 독서량으로 영어로 된 배경지식이 임계치를 넘어섰기 때문에 본인의 발음이 유창하지 않더라도 내용을 이해하는 데 큰 문제가 없는 것입니다. 한국에서 오래 산 외국인이 자신의 한국어 발음은 어눌하지만 한국인의 말을 알아듣는 데는 지장이 없는 것과 같은 이치입니다. 보통 사람들은 영어로 된 글을 읽을 수 있는 시간이 부족합니다. 따라서 내용뿐 아니라 발음교정을 통해 소리에 대한 이해력을 높여 주어야 영어공부에 드는 시간과 노력을 절감할 수 있습니다.

어순 감각을 길러라

우리나라 영어 학습자들은 영어를 읽는 속도가 느립니다. 읽는 속도가 느리면 읽기는 물론 듣기도 잘 안 됩니다. 영어를 읽는 속도가 느린 이유는 영어를 우리말로 번역해서 이해하기 때문입니다. 영어만 보면 우리말 어순으로 바꿔 깔끔하게 해석을 해야 직성이 풀리는 습관이 문제입니다. 《영어순해 Basic》(넥서스)의 저자 김영로 선생님은 이렇게 말했습니다.

"모국어를 듣거나 읽을 때에 순서대로 따라가지 않고, '거꾸로' ― 다시 말해서 앞으로 거슬러 올라오면서 ― 듣거나 읽는 사람은 없다. 이것은 외국어의 경우에도 마찬가지다. 어떤 외국어를 제대로 하는 사람은, 그것을 모국어로 사용하는 사람들같이, 그것을 차례대로 듣거나 읽어 나가면서 동시에 이해한다. 그러므로 우리가 영어를 배울 때에 처음부터 이런 습관을 길러야 한다."

영어를 우리말로 번역해서 영어의 어순과 반대로 이해하는 방식을 고수하면 원하는 실력을 만들 수 없다는 뜻입니다. 다시 말해, 우리말로 번역하는 습관을 버려야 영어의 어순 감각을 기를 수 있습니다. 어순 감각을 습득하면 영어를 우리말처럼 자연스럽게 읽을 수 있게 됩니다.

우리말로 번역하는 습관을 없애려면 어떻게 해야 할까요? 그동안 영어를 이해할 때 우리말의 도움을 받았다면, 이제부터는 우리말 대신에 이미지로 이해하면 됩니다. 이것을 '이미지 리딩'이라고 부릅니다. 이미지 리딩이 숙달되면 우리말을 거치는 과정이 생략되기 때문에 영어를 읽는 속도가 그전과 비교할 수 없을 정도로 빨라집니다.

이미지 리딩은 어떻게 하는 걸까요? 내가 이해하고 싶은 영어의 내용을 미리 알고 읽는 것입니다. 구어체라면 대화의 상황을, 영어 소설이라면 소설의 내용을 먼저 우리말로 읽습니다. 초등학생용 그림책을 읽거나 동영상으로 제작된 콘텐츠가 있다면 영상을 감상하고 나서 영문을 읽어도 좋습니다. 영어회화 교재는 한글 해석을 먼저 읽고 영어 대화문을 여러 번 반복해 읽으면서 상황을 떠올립니다. 한글로 된 글을 읽을 때 우리 뇌는 영화를 볼 때처럼 이미지를 떠올려 이해합니다. 내용을 알고 읽으면 뇌는 우리말로 번역하지 않고 영어문장의 구조를 파악하는 데 집중하게 됩니다.

내용을 미리 알고 읽으세요. 그리고 영어문장만 읽으면서 내용을 연상하세요. 우리말 번역기가 망가져야 영어가 살아납니다.

이해 속도를 높여라

영어를 들으면서 바로 이해하려면 문장을 이해하는 속도가 말하는 속도보다 빨라야 합니다. 원어민은 평균적으로 1분에 200단어 정도 말합니다. 그 말은 원어민이라면 누구나 1분에 200단어의 속도로 듣고, 읽고, 말할 수 있다는 뜻입니다. 우리나라 사람이 영어를 이해하는 속도는 평균 1분에 50단어 정도밖에 되지 않습니다. 이렇게 이해 속도가 느리기 때문에 실시간으로 듣고 읽고 말하기가 불가능한 것입니다. 따라서 영어를 잘 알아듣고 싶다면 듣고 싶은 내용을 많이 읽어서 문장 구조에 대한 이해력을 높여야 합니다. 영어 고수들이 듣기 실력을 위해 읽기 능력을 강조하는 것은 바로 그런 이유 때문입니다.

이해 속도를 높이려면 어떤 것을 읽는 게 좋을까요? 어떤 능력을 개발하기 위해서는 한 분야를 선택해서 집중적으로 훈련하는 것이 중요합니다. 한 분야가 숙달되면 그다음 관심 분야로 영역을 넓혀 가면 되니까요. 먼저 여러분이 가장 잘하고 싶은 분야를 먼저 선택합니다. 영어회화를 잘하고 싶은지, 영어 뉴스를 듣고 싶은지, 아니면 영어 소설을 읽고 싶은지를 먼저 생각해 보세요. 본인이 관심을 갖고 있거나 중요하게 생각하는 분야의 책을 선택해서 집중적으로 읽는 것이 좋습니다. 회화를 잘하고 싶다면 회화책의 대화문을, 영화를 이해하고 싶다면 좋아하는 영화의 대사를 읽기 교재로 삼아야 합니다.

일반적으로 모국어를 읽으면서 이해하는 속도는 말하는 속도의 4배라고 합니다. 문장 구조를 완벽히 체득했기 때문입니다. 예전에 어느 TV 코미디 프로그램에 '수다맨'이라는 코너가 있었습니다. 수다맨이 제아무리 속사포처럼 빠르게 얘기해도 시청자들은 별 어려움 없이 알아듣고 폭소를 터뜨렸습니다. 읽거나 들을 때 이해하는 속도가 말하는 속도보다 압도적으로 빠르기 때문입니다.

독서를 많이 하는 사람은 그렇지 않은 사람보다 이해 속도가 빠릅니다. 문장을 이해하는 능력이 뛰어나기 때문입니다. 이해 속도를 높이려면 어순 감각이 필요합니다. 영어 독서는 어순 감각을 기를 수 있는 최고의 방법입니다.

받아쓰기를 하면
듣기 실력이 좋아질까

영어 듣기 능력을 키우기 위해 많이 하는 방법이 받아쓰기입니다. 하지만 받아쓰기를 해 본 사람이라면 투입한 시간이나 노력에 비해 큰 효과를 보지 못한 경험이 있을 것입니다. 결론부터 말하자면, 받아쓰기는 영어 초보자에게 적합한 방법이 아닙니다. 받아쓰기를 하는 목적은 들은 것을 적어 보면서 자신의 약점을 파악하는 것입니다. 그런 다음 틀린 부분을 확인하고 발음교정을 통해 보완하는 것입니다. 그러나 초보자는 듣고 적을 수 있는 것이 별로 없기 때문에 받아쓰기가 제 역할을 하지 못합니다.

초보자는 받아쓰기보다는 소리에 대한 감각을 키우는 것이 더 효율적입니다. 예를 들어, 한 문장씩 듣고 들리는 대로 따라 읽는 것입니다. 막연히 따라 읽지 말고 발음기호의 원리대로 읽어야 합니다. 영어는 발음기호를 토대로 소리 내는 언어입니다. 그 말은 발음기호를 발음할 줄 모르면 영어의 소리를 들을 수 없다는 뜻입니다. 영어의 발음기호를 무시하고 한국어 발음으로 연습하면 그것이 굳어져서 나중에 교정하기가 더 힘들어집니다. 결과적으로 영어의 소리를 듣는 능력을 만들 수 없게 됩니다. 받아쓰기보다 정확하게 발음하는 훈련을 더 많이 해야 합니다.

흉내 내기가 더 중요하다

초등학교 1학년 딸이 학교에서 받아쓰기 시험을 본다고 하면 받아쓰기 급수표를 보고 읽어 줍니다. 한국어를 배울 때도 듣고 말하기가 어느 정도 완성된 다음에 받아쓰기를 시킵니다. 기껏해야 "엄마! 아빠!" 정도 말하는 아기들에게 받아쓰기부터 시키지는 않습니다. 받아쓰기는 이미 소리의 감별력과 말하는 능력을 습득한 아이들에게 소리언어와 문자언어를 정확하게 맞추는 연습을 시키는 것입니다. 단순히 받아쓰기를 한다고 해서 듣기나 말하기 실력이 향상되지 않습니다.

언어를 배우는 초기에는 받아쓰기보다 흉내 내기가 더 중요합니다. 따라서 처음에는 소리에 대한 적응 기간을 갖고 발음 연습을 하는 것이 좋습니다. 소리와 문자를 동시에 접하면서 영어 소리에 대한 적응력을 기르는 것입니다. 이 시기에 영어의 자음과 모음 그리고 발음기호를 발음하는 방법을 배워 두면 앞으로 영어공부 시간을 절약할 수 있는 것은 물론 실력을 높이는 데도 큰 역할을 하게 됩니다.

초기에는 6개월 정도 발음법을 익히면서 집중적으로 소리 감각을 기르는 훈련을 합니다. 이후 본인이 듣고 싶은 자료의 음원과 자막을 구해서 받아쓰기 테스트를 해 봅니다. 한 문장을 두세 번씩 듣고 절반 이상 정확하게 적지 못한다면 받아쓰기보다 발음 연습을 더 해야 합니다. 내용어(명사, 동사, 형용사, 부사 등)는 대부분 적을 수 있지만 기능어(관사, 전치사, 접속사 등)를 제대로 적지 못하는 시점이 받아쓰기의 최적기입니다. 그때부터는 자신이 잘 알아듣지 못하는 소리를 찾아서 집중적으로 발음교정을 하여 약점을 보완해야 합니다.

받아쓰기가 영어 듣기 실력에 직접적으로 도움이 되지는 않으므로 받아쓰기보다는 큰 소리로 따라 읽는 훈련이 더 효과적입니다. 초보자일수록 발음 훈련을, 중급자 이상은 받아쓰기로 소리에 대한 감각을 키우는 것이 좋습니다. 운동을 배울 때처럼 영어도 수준에 맞는 훈련이 중요합니다.

받아쓰기 할 때의 유의사항

받아쓰기는 중급자 이상에게 적합한 방법입니다. 따라서 무턱대고 시도하는 것은 좋지 않습니다. 받아쓰기는 듣기 실력이 상당한 수준에 이른 사람이 자신의 약점을 파악하고 보완하기 위한 도구라고 할 수 있습니다.

받아쓰기 자료는 원어민의 표준발음을 접할 수 있는 영어 뉴스를 추천합니다. 미국 드라마나 영화 같은 구어체 자료는 축약, 탈락 등 여러 가지 음운 현상이 반영되어 있습니다. 따라서 표준발음을 배우는 용도로는 적합하지 않고 듣기보다 말하기 연습 자료로 활용하는 것이 좋습니다.

받아쓰기를 할 때는 마지막 문장이 끝날 때까지 절대로 자막을 보지 말아야 합니다. 오직 청각만으로 영어의 소리를 문자로 표현하려는 노력을 해야 합니다. 오감 중에서 우리 뇌에 들어오는 정보의 70% 이상을 시각이 차지한다고 합니다. 미리 자막을 보면 시각이 청각을 무력화시켜 청력만으로는 안 들리던 소리가 갑자기 들리는 듯한 착각을 하게 됩니다. 듣기 훈련을 할 때는 시각에 의존하는 습관을 버려야 합니다. 자막은 받아쓰기를 마친 후 틀린 부분을 확인할 때만 봅니다. 틀린 부분은 원어민의 소리와 비교하면서 따라 읽습니다. 발음 연습 이후에는 자막을 봐도 괜찮습니다.

처음에는 적은 분량을 집중적으로 연습하는 것이 더 효과적입니다. 초기에는 소리 식별 단계이므로 내용은 크게 상관없습니다. 시험을 준비하는 사람은 토익이나 토플 문제집도 좋고, 수험생이 아니라면 뉴스나 생활영어 등 본인의 취향에 따라 교재를 선택하면 됩니다.

받아쓰기를 할 때 지켜야 할 사항은 다음과 같습니다.

첫째, 반드시 자막이 있는 자료를 선택합니다. 받아쓰기를 끝낸 후 자신이 적은 것과 비교하여 교정하려면 자막이 있어야 합니다.

둘째, 한 번에 여러 단어를 받아쓰도록 노력합니다. 한 번에 한 단어씩 받아쓰다 보면 나중에 의미 단위별로 문장을 듣는 데 어려움을 겪게 됩니다. 처음에는 어쩔 수 없더라도 한 번에 여러 개씩 적으려는 노력을 해야 합니다. 그래야 한 번에 들을 수 있는 기억 용량이 점차 커져서 영어를 이해하는 속도가 빨라집니다.

셋째, 한국인 학습자를 고려하여 스튜디오에서 녹음된 정제된 음성 자료보다는 현지 원어민들이 실제 말하는 속도로 녹음된 자료가 좋습니다. 그래야 실제 원어민이 사용하는 소리와 속도에 대한 감각을 기를 수 있습니다.

넷째, 큰 소리로 읽는 연습을 합니다. 받아쓰기를 통해 자신의 약점을 파악하고 나면 큰 소리로 읽어서 교정된 소리를 뇌에 저장하고 자주 들어서 기억을 강화해야 합니다.

언제까지 해야 하는가

받아쓰기를 그만두는 시점을 잘 판단하는 것도 중요합니다. 90% 이상 정확히 적을 수 있는 실력이 되었을 때가 받아쓰기를 그만둘 적기입니다. 그때부터는 단어를 알아들어도 내용을 이해할 수 없는 현상이 나타납니다. 그 이유는 영어를 이해하는 속도가 느리기 때문입니다. 이때부터는 받아쓰기보다는 이해 속도를 높이는 데 도움이 되는 훈련을 해야 합니다.

원어민은 영어문장을 들을 때 단어를 하나씩 듣지 않고 핵심 키워드를 중심으로 여러 개의 의미 덩어리로 듣습니다. 따라서 덩어리로 들어야 원어민이 말하는 속도를 따라가면서 이해할 수 있습니다.

받아쓰기의 목적은 단순히 소리와 문자의 차이를 확인하는 것뿐입니다. 지금까지 주로 영어를 눈으로만 공부한 성인들은 소리에 대한 인식 능력이 부족합니다. 그래서 소리와 문자의 균형을 맞추는 1차 작업인 받아쓰기에서 어려움을 겪는 것입니다. 하지만 너무 걱정할 필요는 없습니다. 받아쓰기 연습은 제대로만 하면 몇 개월 만에도 충분히 효과를 볼 수 있기 때문입니다.

하루에 몇 개씩 발음기호의 발성 원리를 익히면서 소리 내서 읽으면 청취력이 점점 좋아집니다. 발음기호를 발음하는 방법은 책보다는 인터넷에서 동영상 자료를 검색하여 쉽게 배울 수 있습니다.

과유불급(過猶不及)이란 말처럼 받아쓰기도 적당히 활용해야 도움이 됩니다. 자신의 수준을 파악하고 무엇부터 해야 할지 결정하세요.

※ 받아쓰기 하고 나서 발음교정 하는 방법

① 1분 정도 분량의 길이가 짧은 헤드라인 뉴스를 구한다.
② 뉴스 전체를 처음부터 끝까지 두세 번 정도 듣는다.
③ 한 문장씩 5회 정도 반복해서 들으며 들리는 단어를 적는다.
④ 소리 듣기가 목적이니 철자는 무시하고 들리는 대로 적는다.
⑤ 도저히 적지 못하는 부분은 소리 나는 대로 한글로 적는다.
⑥ 고유명사나 사람 이름은 원어민도 못 적으므로 대충 적는다.
⑦ 다 적은 후 자막을 확인하여 색깔 펜으로 틀린 부분을 수정한다.
⑧ 틀린 단어 하단에는 사전을 확인하여 발음기호를 적어 넣는다.
⑨ 처음부터 한 문장씩 들으며 소리 내서 10번씩 따라 읽는다.
⑩ 틀린 곳은 발음기호, 연음, 억양 등을 정확히 확인하고 읽는다.
⑪ 한 문장씩 따라 읽기가 끝나면 뉴스 전체를 10번 따라 읽는다.
⑫ 원어민 파일을 휴대기기에 저장하여 걷거나 운전할 때 듣는다.
⑬ 듣다가 익숙해지면 들으면서 한 박자 늦게 입으로 따라 읽는다.
⑭ '소리만 듣고 따라 읽기'가 어려우면 ⑨ ~ ⑪의 과정을 반복한다.
⑮ 진도를 나가는 것보다 뉴스 10개를 완벽하게 숙달하는 것을 목표로 한다.

최고의 듣기 자료는
내가 연습한 자료다

우리 속담에 '선무당이 사람 잡는다'는 말이 있죠? 원리를 모르고 무작정 하는 영어 듣기가 그렇습니다. 저도 영어공부를 시작할 때 CNN 방송과 미국 시트콤을 녹음한 음성 테이프를 1년 넘게 듣고 다녔습니다. '하루 종일 듣다 보면 어느 날 갑자기 귀가 뚫리겠지.' 하고 단순하게 생각했습니다. 하지만 그런 일은 일어나지 않았습니다. '비타민(vitamin)'은 영어로 '바이러민', '모델(model)'은 '마를'과 같이 발음합니다. '비타민'이나 '모델'이라는 소리를 기대하면서 계속 듣기만 하면 끝까지 모르는 단어가 됩니다. 영어 소리를 알아듣기 어려운 이유는 영어단어를 한국어 읽는 방식으로 외웠기 때문입니다. 영어를 정확하게 들으려면 내가 알고 있는 소리와 실제 영어 소리의 차이를 줄여 나가야 합니다.

안 들리는 자료는 듣지 마라

식당이나 공공장소에서 나오는 TV 뉴스는 그렇게 집중하지 않아도 알아들을 수 있습니다. 우리는 한국어를 완벽하게 습득한 원어민이니까요. 우리말은 들으면 곧바로 뇌에 흡수됩니다. 영어를 흘려들으며 이해하는 것은 원어민이나 동시통역사처럼 영어가 완성된 사람이 하는 것입니다. 따라서 초보자는 듣기 능력을 만드는 데 집중해야 합니다. 원어민과 내가 가진 소리의 다른 부분을 교정하고 반복해서 연습하면 영어의 소리를 듣는 능력을 만들 수 있습니다.

초보자가 안 들리는 자료를 듣는 데 시간을 쓰는 것은 시간 낭비입니다. 아는 단어로 이루어진 문장이 들리지 않는다면 크게 소리 내서 읽어 보세요. 원어민이 발음하는 소리와 차이가 많이 날 것입니다. 영어는 발음과 호흡이 우리말과 많이 다릅니다. 안 들리는 영어라도 반복해서 들으면 소리에 익숙해집니다. 하지만 단순히 소리에 익숙해진 것을 듣기 실력이 나아진 것으로 착각해서는 안 됩니다. 교정되지 않은 소리는 더 많이 들어도 어느 날 갑자기 들리지 않습니다. 창문 밖 도로의 소음을 매일 들으면 익숙해지지만 어느 날 의미 있는 소리로 바뀌지 않는 것과 같습니다.

그러면 어떻게 해야 할까요? 자신이 한국어 발음으로 외운 소리를 영어식 발음으로 교정해야 합니다. 그리고 연습한 원어민 음성 파일을 듣는 것입니다. 눈으로 보고 이해하고, 입으로 발음교정을 한 다음, 한 달간 반복해서 들으면 교정된 소리가 머릿속에 더 잘 기억됩니다. 우리 뇌는 끊임없이 설득해야 중요한 기억으로 인식하고 깊숙한 곳에 저장해 줍니다.

시간이 부족한 사람이라면 자신이 연습한 자료만 듣는 게 좋습니다. 안 들리는 자료를 계속 듣는 것은 뇌에 아무런 흔적도 남기지 않는 무의미한 노력입니다. 영어식 발음으로 교정된 발음만 들립니다. 골프 선수가 자세 연습을 하고 나서 스윙을 하듯 발음교정을 하고 나서 영어를 들어야 합니다. 자신이 연습한 자료만 들으세요. 그래야 시간도 절약하고 실력도 높일 수 있습니다.

임계량을 채워야 저장된다

머릿속에 발음교정이 된 어휘가 많이 축적될수록 듣기를 제대로 할 수 있습니다. 하지만 아무리 열심히 외워도 우리 뇌는 하루 만에 70%를 망각합니다. 복습하지 않고 새로운 것만 들으면 머리에 연습한 내용이 하나도 남지 않습니다. 따라서 주기적인 복습을 통해 망각률을 낮춰야 합니다.

일상적인 영어 대화의 90%는 중학교 수준의 3,000개 단어로 이루어져 있다고 합니다. 그런데 왜 그렇게 영어 듣기가 안 되는 걸까요? 미국의 언어학자 에릭 레네버그는 1990년 소뇌의 피질 염색체가 언어염색체인 것을 발견했습니다. 그의 연구에 따르면, 12세가 넘어서 언어를 배울 경우 최소 100회 이상의 입술 운동이 반복되어야 연습한 소리가 소뇌에 저장된다고 합니다.

3,000개의 필수 단어를 들으려면
3,000단어 × 100회 연습 = 300,000회의 연습이 필요

이론적으로 30만 번의 발음 연습이 누적되어야 3,000개 단어를 들을 수 있다는 것입니다. 우리가 매일 일상적으로 쓰는 말도 최소 수천 번의 연습량을 채운 것들입니다. 6개월이나 1년 만에 영어 듣기가 되지 않는 이유는 연습 횟수를 채우기에는 물리적인 시간이 부족하기 때문입니다. 따라서 안 들린다고 좌절할 것이 아니라 기회가 있을 때마다 발음 연습의 횟수를 늘려야 합니다.

또한, 100회를 한꺼번에 몰아서 채우는 것보다 시간차를 두고 하는 것이 좋습니다. 우리 뇌는 새로운 지식을 장기 기억으로 저장할 때 통합하는 시간이 필요합니다. 일종의 숙성 과정이 필요한 것입니다. 따라서 벼락치기 습관으로는 영어를 잘하기 어렵습니다. 시간 간격을 두고 연습해야 효과적입니다. 같은 30분이라도 한 번에 하는 것보다 10분씩 세 번에 나눠서 하면 좋습니다. 복습은 되도

록 짧게, 자주 하는 습관을 들여야 합니다. 연습 횟수가 임계량을 넘어야 들립니다.

복습을 해야 실력이 된다

공신들에게 공부 잘하는 비결을 물으면 한결같이 '복습'이라고 말합니다. 서울대생 130명을 대상으로 조사한 결과에서도 95% 이상이 '복습이 가장 중요하다'고 말했습니다. 복습은 내용을 이해한 다음 완전히 본인의 것으로 만드는 과정입니다. 영어에서도 복습이 중요합니다.

우리 뇌는 어떤 기억을 회상하려고 할 때 이미 저장되어 있는 기억을 망각한다고 합니다. 최근 기억을 회상하려고 하는 순간 이미 저장된 기억과 경쟁을 벌입니다. 결국 오래된 기억은 망각됩니다. 역설적이게도 우리가 무엇을 기억하려고 하는 노력이 다른 기억을 더 잊게 만듭니다. 결국 회상하려는 노력을 한 기억만 남고 나머지는 망각됩니다.

'에빙하우스의 망각 곡선' 이론에 따르면 학습 후 10분, 1시간, 1주일, 1개월을 주기로 4회 복습하면 90% 이상 기억을 유지할 수 있다고 합니다. 한 달간 복습한 내용은 장기 기억에 저장되어 6개월 이상 지속된다고 합니다. 그래서 시험에서 좋은 점수를 받으려면 공부 시간을 늘리는 것보다 공부한 내용을 주기적으로 복습하는 것이 더 중요합니다.

    자신이 연습한 자료도 복습을 해야 기억에 오래 남습니다. 따라서 힘들게 연습한 영어를 잊어버리지 않도록 복습하는 습관을 들이는 것이 좋습니다. 연습한 자료를 한 달간 반복해서 들으세요. 걸을 때, 운동할 때, 친구를 기다릴 때와 같이 자투리 시간에 들으면 좋습니다. 공부를 많이 하려고 하지 말고 복습을 많이 하세요. 언어는 복습이 생명입니다.

듣기 능력 향상을 위한
고강도 훈련법

영어 듣기가 안 되는 주요 원인은 크게 세 가지입니다.

① 소리를 듣지 못한다.
② 배경지식이 부족하다.
③ 이해 속도가 느리다.

영어를 듣고 이해하기 위해서는 위의 세 가지 조건이 동시에 충족되어야 합니다. 그래서 영어 듣기가 쉽지 않은 것입니다. 첫째, 영어에서는 여러 개의 단어가 뭉쳐서 들리는 연음, 강세의 유무에 따라 생기는 소리의 높낮이, 즉 리듬이 생깁니다. 눈으로 보고 아는 문장이라도 연음과 리듬이 숙달되어 있지 않으면 제대로 듣기가 어렵습니다. 둘째, 단어는 알아들어도 내용에 대한 배경지식이 부족하거나 특정한 표현을 모르면 이해하기 힘듭니다. 마지막으로, 이해 속도가 말하는 속도보다 빨라야 합니다. 영어를 듣는 것은 머릿속에서 1분에 200단어의 속도로 써 내려가는 글을 읽는 것과 같습니다. 우리말처럼 읽는 동시에 이해하지 못한다면 영어 듣기가 안 됩니다. 따라서 단어를 알아듣는 소리 감각과 문장을 이해하는 어순 감각을 동시에 길러야 합니다.

영어의 리듬을 익혀라

한국어는 '음절 박자 언어(Syllable-timed Language)', 영어는 '강세 박자 언어(Stress-timed Language)'라고 부릅니다. '음절 박자 언어'란 한국어나 일본어와 같이 각 음절의 길이가 모두 같아서 말하는 데 걸리는 시간이 음절의 개수에 정비례하는 언어를 말합니다. 따라서 우리말은 음절의 개수가 몇 개인지에 따라 소리의 길이가 결정됩니다.

반면, 영어는 강세에 따라 박자를 맞춰 말하는 언어입니다. 말하는 데 걸리는 시간이 강세의 개수에 비례하고 음절 수와는 상관이 없기 때문에 박자 감각이 매우 중요합니다. 강세를 받는 음절이 많으면 소리의 길이가 길어지고 적으면 짧아집니다.

	Kids	like		toys.	(3음절)
The	kids	like		toys.	(4음절)
The	kids	like	the	toys.	(5음절)
The	kids	will	like	the toys.	(6음절)

▶ 영어 : 강세 음절의 개수가 중요 (모두 동일하게 3박자로 발음)

	소년들은		소녀들을	좋아한다.	(12음절)
그	소년들은		소녀들을	좋아한다.	(13음절)
그	소년들은	그	소녀들을	좋아한다.	(14음절)
그	소년들은	그	소녀들을	좋아할 것이다.	(16음절)

▶ 한국어 : 음절의 개수가 중요 (음절 수와 같은 박자로 발음)

    위의 4개 영어문장은 음절의 개수가 서로 다릅니다. 하지만 읽을 때는 kids, like, toys 세 단어에 강세를 주어 모두 3박자의 리듬으로 읽습니다. 관사나 조동사와 같은 기능어는 순간적인 호흡으로 짧고 약하게, 강세를 받는 단어에 묻혀서 발음됩니다. 네 문장의 단어 수는 서로 다르지만 모두 3박자로 발음하기 때문에 소리의 길이가 같습니다.

    반면, 그 아래의 한글 문장은 음절의 개수가 많을수록 소리의 길이도 길어집니다. 따라서 한국어를 읽는 방식으로 영어를 읽으면 원어민은 못 알아듣습니다. 영어가 안 들리는 이유는 대부분 문장을 들을 때 영어의 리듬에 숙달되지 않았기 때문입니다. 문장을 읽으면서 강약 장단의 리듬을 충분히 익혀야 영어를 들을 수 있습니다.

강약 발성으로 읽어라

한국어는 '강' '강' '강' '강'과 같이 일정한 톤으로, 영어는 '강약' '강약'과 같이 리듬감 있게 읽습니다. 리듬 감각을 익히지 못하면 쉬운 단어로 이루어진 간단한 문장도 들리지 않습니다. 따라 읽기 연습을 할 때 문장에서 강세를 받는 단어에 동그라미 표시를 해 놓고 '강약'의 리듬으로 과장해서 읽으면 그냥 읽을 때보다 원어민의 발음에 가까워집니다.

잘 못 알아들은 부분은 표시를 해 놓고 원어민의 발음과 비교하면서 읽습니다. 연습을 끝낸 음성 파일은 시간이 날 때마다 반복해서 듣고 소리 내서 읽습니다. 따로 시간을 낼 필요 없이 출퇴근할 때나 등하교 시간과 같은 이동 시간을 활용하면 효율적입니다. 움직일 때는 집중력이 더 좋고, 이동 시간만 잘 활용해도 하루에 1시간은 확보할 수 있기 때문입니다. 영어 고수들도 자투리 시간을 활용해 영어 듣기 연습을 하는 사람이 많습니다.

중요한 것은 반복입니다. 영어 실력은 자신이 투자한 시간만큼 정직하게 향상됩니다. 음성 파일 한 개가 거의 외워질 때까지 반복해서 듣고 소리 내서 따라 읽습니다. 초기에는 시간이 조금 걸리지만 파일 개수가 하나둘씩 늘어날수록 숙달 시간이 점점 단축됩니다. 조급할 필요 없이 진도에 너무 신경을 쓰지 않는 것이 좋습니다. 오늘 할 수 있는 것에만 집중하는 태도가 바람직합니다.

※ 소리 내서 읽는 요령

① 강세에 따라 강약의 리듬으로 문장을 읽는다. 약 2m 정도 떨어져 있는 사람에게도 들릴 정도로 크게 읽는다.

② 우리말로 번역하지 않고 머릿속에서 상황을 연상하면서 읽는다. 구어체는 감정을 이입하여 과장해서 읽는다. 기억은 감정을 동반할 때 뇌에 더 잘 저장된다.

③ 발음과 리듬이 익숙해지면 최대한 빠른 속도로 읽는다. 이때는 한 문장을 한 번의 호흡으로 읽을 수 있을 정도로 연습한다. 한 문장씩 최소 10회 이상 읽는다.

④ 충분히 숙달되면 자신의 목소리를 녹음해서 들어 본다. 녹음한 파일을 들으면서 어느 부분이 어색하게 발음되는지 원어민 음성과 비교해 본다. 어색한 부분만 집중적으로 10회 정도 읽는다.

⑤ 원어민 음성을 전체적으로 들으면서 반 박자 정도 늦게 따라 읽는다. 최소 5회 정도 읽는다.

⑥ 출퇴근할 때, 산책할 때, 기다릴 때 등 자투리 시간을 활용하여 ⑤번까지 연습을 끝낸 여러 음성 파일을 듣고 따라 읽는다.

⑦ 당일 분량을 연습하기 전에 일주일 동안 연습한 자료를 1~2회 정도 크게 소리 내서 따라 읽는다. 하루에 한 시간 연습할 경우 복습 시간은 15분 정도로 짧게 한다.

⑧ 매일 ① ~ ⑦번의 과정을 반복한다.

생각거리 03

영어 소리의 세 가지 특징

1. 음절

아래는 스웨덴 출신의 보컬 그룹 ABBA의 〈I have a dream〉 악보 일부분입니다.

밑줄 친 부분의 영어 단어는 1음절이지만 한국어로 읽으면 '크로스', '스트림', '해브', '드림'과 같이 2~3음절로 발음됩니다. 하지만 노래를 부를 때는 모두 1음절로 줄여서 한 박자로 불러야 합니다. 음표가 하나씩만 있기 때문입니다. 영어는 모음의 개수가 음절 수를 결정합니다. 따라서 철자가 아닌 발음기호를 보고 발음해야 합니다.

2. 강세

영어 문장에서 중요한 단어는 길고 강하게, 나머지 단어는 짧고 약하게 발음합니다. 하나의 문장은 강약 단어들의 조합으로 이루어져 있으며 소리의 높낮이에 따른 리듬이 생깁니다.

Can-I-**talk**-to-you-for-a-**second**?　나랑 잠깐 얘기 좀 할까?

I'm-gonna-be-**out**-for-a-**while**.　잠깐 나갔다 올게.

I'm-**really**-gonna-**miss**-you.　정말 보고 싶을 거예요.

3. 약음

강세를 받지 않는 모음은 소리가 약해지거나 탈락됩니다. 누가 등을 툭 치면 '어' 하고 순간적으로 내는 소리와 비슷합니다. 이런 현상 때문에 발음기호를 보고 예상하는 것과 다르게 발음됩니다.

영어단어	한국어식 발음	영어식 발음
banana [bənǽnə]	바나나	버내너
actually [ǽktʃuəli]	액츄얼리	액츌리
aspirin [ǽspərin]	아스피린	애스쁘린
sentiment [séntimənt]	센티먼트	쎄너먼
tonight [tənáit]	투나잇	트나잇

Whether you think
you can, or can't,
you're right.
_Henry Ford

할 수 있다고 생각하든,
할 수 없다고 생각하든
당신이 옳다.

— 04 —

말을 못하면 영어를 못하는 거다

영어 말하기가 안 되는 이유

한국인이라면 누구나 영어에 들인 노력에 비해 말하기 실력은 부끄러운 수준이라는 점에 동의할 것입니다. 그러나 처음부터 올바른 방향으로 노력을 했다면 결과는 달라졌겠죠. 같은 조건에서도 성공한 사람과 실패한 사람이 있습니다. 비슷한 환경에서도 영어를 잘하는 사람은 보통 사람과는 다른 점이 있습니다. 그렇다면 영어를 잘하는 사람의 방법을 모방하면 고민이 해결되지 않을까요?

영어 말하기가 안 되는 이유

① 시험 위주로 공부한다

지금까지 우리나라 영어교육은 단어, 문법, 독해 위주의 시험을 위한 공부였습니다. 단어와 문법 지식을 많이 알아도 입으로 말하는 경험을 쌓지 않아서 영어로 말하는 것이 어색합니다. 문법이나 독해와 같이 언어를 이해하는 기억은 대뇌의 '베르니케 영역'이, 말하기와 같이 말을 만들어 내는 과정은 '브로카 영역'이 담당합니다. 말하기는 머리로 이해하는 지식이 아니라 입을 사용해서 하는 운동과 같습니다.

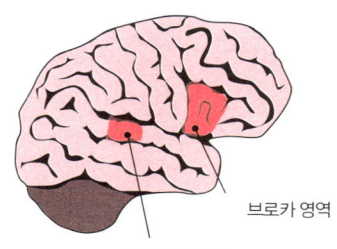

브로카 영역

베르니케 영역

② 주로 듣기만 한다

말을 하려면 먼저 듣기가 되어야 한다고 생각하는 사람들이 많습니다. 그래서 많은 사람들이 무작정 영어를 들으며 언젠가 귀가 뚫리기를 바랍니다. 저도 1년이 넘게 하루 종일 영어만 듣고만 다녔던 적이 있었지만 귀가 뚫리진 않았습니다. 아기가 엄마의 말을 듣기만 하다가 아무런 노력 없이 말을 하게 된 것이 아닙니다. 수없이 많은 옹알이를 한 후에 비로소 말문이 열린 것입니다. 아기의 옹알이가 바로 말하기 연습이고, 듣기만 하는 것은 옹알이 없이 곧장 말을 하려는 것과 같습니다.

③ 대화 밑천이 부족하다

말을 하기 위해서는 말하기 재료를 많이 가지고 있어야 합니다. 그러나 보통 간단한 인사말을 제외하고는 구사할 수 있는 문장이 턱없이 부족합니다. 회화 학원에 가서 말을 못하는 이유는 입으로 연습해서 숙달된 문장이 부족하기 때문입니다. 회화 학원에서는 남의 말을 듣는 게 아니라 내가 연습한 문장을 써먹으며 실습해야 합니다. 이를 위해서는 나에게 필요한 문장을 정리해서 말하는 연습을 해야 합니다.

말하기 재료를 수집하라

영어는 오래 배워도 성과가 잘 나타나지 않기 때문에 '평생 배워야 한다'는 말을 자주 합니다. 저도 이것저것 공부하느라 많은 시간을 보냈지만 말을 잘하는 데는 별로 도움이 되지 않았습니다. 결론부터 말하면, 직장인과 같이 시간이 부족한 사람들은 영어를 실용적으로 접근해야 합니다. 기본적인 의사소통이 필요한 사람에게 영어 뉴스나 영어 원서와 같은 재료는 실용성이 떨어집니다. 영어 고수들은 다양한 자료를 소화할 능력이 되지만, 초보자는 자신에게 필요한 자료를 엄격하게 제한할 필요가 있습니다. 내가 활용하고 싶은 문장이 많이 들어 있는 회화책을 활용하여 말하기 연습을 하는 것이 좋습니다. 다만, 초기에는 쉬운 문장을 숙달하는 데 초점을 맞춰야 합니다. 긴 문장이나 어려운 표현을 말하고 싶은 욕심은 버리는 것이 좋습니다. 영어를 잘하는 사람은 쉬운 표현이나 간결한 문장으로 자신이 하고 싶은 말을 다 할 수 있습니다.

주변에 영어를 잘하는 사람이 있다면 물어보세요. 영어회화 교재 몇 권 정도는 마스터한 사람일 가능성이 높습니다. 나에게 필요한 표현, 나의 취미, 관심사 등을 담은 나만의 영어 노트를 만들어 보세요. 여행지에서 외국인에게 자기소개를 하고, 자신의 취미에 대해 이야기하고, 자신의 인생 경험을 나누게 되지 않을까요? 그런 상상을 하면서 말하기 연습을 하면 따분함이 아닌 즐거움을 느낄 수 있습니다.

기초 영어회화 책을 두세 달에 한 권씩 마스터해 보세요. 툭 치면 입에서 바로 튀어나올 정도로 반복해서 연습하세요. 그렇게 연습하면 6개월 만에 내가 하고 싶은 말을 대부분 할 수 있게 됩니다. 다른 사람이 추천한 자료, 원어민이 자주 쓰는 표현으로는 나의 말하기 실력을 높이기 어렵습니다. 나에게 필요한 문장을 스스로 정리해서 연습하세요. 말하기 실력은 나에게 필요한 자료와 주도적인 연습으로 완성되는 결과물입니다.

말하기는 연습이 생명이다

우리는 태어나 더듬거리면서 말을 하기 시작한 후로 하루도 빼

놓지 않고 말을 해 왔습니다. 매일 꾸준히 말하기 연습을 한 것입니다. 하물며 평소에 사용할 기회가 없는 외국어를 연습도 하지 않고 잘할 수 있다면 오히려 이상한 일이 아닐까요?

영어 말하기를 회화 학원에 가서 원어민에게 배우려는 사람들이 많습니다. 그러나 말하기는 원어민 강의를 들어서 습득되는 것이 아닙니다. 스스로 말하기 연습을 하는 노력이 없이는 절대로 실력이 늘지 않습니다. 원어민 강사는 혼자 연습한 내용을 실습해 보는 대상일 뿐입니다.

말하기는 입술, 혀, 턱의 근육과 호흡기관을 이용하여 소리를 내는 근육 운동입니다. 따라서 영어를 배울 때는 소리를 내는 습관을 일상으로 만들어야 합니다.

한국인은 주입식 교육에 길들여져 있어 영어를 입으로 말하는 것을 어색해 합니다. 저는 오랫동안 직장인들과 영어 스터디를 해 왔습니다. 스터디 멤버들에게 모임에 참석하기 전에 말하기 연습을 해 오라고 하면 대부분 한두 번 읽고 책만 들고 옵니다. 하지만 눈으로만 익힌 문장은 절대 입 밖으로 나오지 않습니다.

말하기가 되기 위해서는 세 가지 조건이 필요합니다.

① 표현량을 늘린다.
② 입으로 연습한다.

③ 연습량이 임계치를 넘는다.

　왕초보 수준을 벗어나지 못하는 사람들 중에는 영어를 암기 과목처럼 생각하는 분들이 많습니다. 외워야 한다고 생각하기 때문에 영어가 재미없고, 말하기 연습은 몸이 힘들기 때문에 귀찮습니다. 우리가 매일 쓰는 말은 수천, 수만 번 연습의 결과물입니다. 말하기가 안 되는 이유는 연습 부족 탓이 가장 큽니다. 말하기는 연습, 또 연습이 생명입니다.

영어 고수들의 말하기 연습 요령

영어회화를 잘할 수 있는 가장 좋은 방법은 말하기 연습입니다. 말하기 연습은 유용한 표현을 큰 소리로 읽어서 입 근육이 기억하도록 만드는 것입니다. 가장 효과적이지만 실행은 생각보다 어렵습니다. 체력이 소모되는 만큼 몸이 힘들기 때문입니다.

15년 넘게 독학으로 영어를 공부하면서 깨달은 것이 있습니다. 한정된 시간과 노력으로 달성할 수 있는 목표에는 한계가 있다는 것입니다. 취미로 수영을 배우는 사람이라면 국가대표 수영 선수가 되는 것이 목표가 아니라 자유형 하나만 잘해도 충분합니다. 영어에서도 성과를 내려면 불필요한 것은 버리고 가장 절실한 한 가지에 집중해야 합니다. 저는 다른 것보다 영어회화를 잘하고 싶었습니다.

영어회화를 잘하려면 문장을 외워야 합니다. 문장을 외우는 것은 단어의 연결 방식뿐 아니라 소리까지 익히는 것을 말합니다. 문장을 외울 때 보통은 단어의 배열만 암기하고 소리를 익히는 데는 소홀히 합니다. 제대로 외웠는지 확인하기 위해 소리 내서 말해 보라고 하면 꿀 먹은 벙어리가 되고 맙니다. 영어회화를 눈으로만 익혔기 때문입니다. 이런 수동적인 방식으로는 영어회화가 늘지 않습니다. 적극적으로 소리 내서 읽는 방식으로 방법을 바꿔야 합니다.

영어회화 교재 고르는 법

말하기 연습용 교재는 어휘의 70% 이상이 아는 단어로 된 것이 좋습니다. 모르는 어휘가 적어야 연습에 집중할 수 있고 문장을 외울 때 부담감도 적기 때문입니다. 또한, 일상적으로 빈번하게 사용되는 표현이 많아야 합니다. 당장 써먹을 수 있는 표현 위주로 익혀야 하기 때문입니다. 따라서 교재를 선택할 때 문장의 실제 활용도를 고려해야 합니다.

회화 공부를 처음 시작한다고 해서 무조건 왕초보용 교재를 선택하는 것은 좋지 않습니다. 쉬운 문장보다 내가 주로 활용하고 싶은 문장이 어떤 것인지 생각해서 골라야 합니다.

책을 고를 때는 다음 세 가지를 참고하면 좋습니다.

① 활용 빈도가 높은 표현이 많을 것
② 대화체로 상황을 연상할 수 있을 것
③ 3개월 안에 끝낼 수 있는 분량일 것

    말하기 연습용 책을 고를 때 도움이 되는 작은 팁을 소개합니다. 영어회화 코너에 진열된 책을 집어 들고 무작위로 아무 페이지나 펼쳐 봅니다. 서너 번 펼쳐 본 페이지에서 내가 자주 쓰는 표현이 70% 이상이라면 괜찮은 책입니다. 책은 두껍지만 나에게 필요한 표현이 그다지 없는 책도 많습니다. 제 서재의 책꽂이에는 수백 권의 영어책이 꽂혀 있습니다. 가끔 예전에 공부했던 책들을 펼쳐 보면 한 번도 써먹지 못한 불필요한 표현이 많은 것들이 있습니다. 꼭 기억하세요! 아무 페이지나 펼쳐도 활용도 높은 문장이 나오는 책이 좋은 책입니다. 나에게 맞는 책을 골라야 합니다. 우리는 한정된 시간을 효율적으로 사용해야 하니까요.

    저는 영어공부에 시간을 많이 낼 수 없어 주로 자투리 시간을 활용했습니다. 자가운전으로 출퇴근할 때 신호 대기에 걸리면 조수석에 얹어 두었던 영어책을 들고 문장을 외우기도 했습니다. 제가 영어책을 쓰는 이유도 활용하기 좋은 문장만 선별해서 공유하기 위해서입니다. 늘 시간은 부족하고 해야 할 일은 많습니다. 하지만 모든 것을 할 수는 없습니다. 좋은 책을 선택하세요. 선택을 잘하는 것도 능력입니다.

한국형 어학연수를 하자

　영어 말하기가 안 되는 가장 큰 이유는 이해만 하고 말하는 연습을 하지 않았기 때문입니다. 문장을 암기하는 것만으로는 실제 상황에서 말하기 기능이 작동되지 않습니다. 따라서 문장의 내용을 이해한 다음에는 말하기 연습을 하는 데 더 많은 시간을 사용해야 합니다. 머리로 이해하는 공부는 줄이고 소리 내서 말하는 연습 시간을 최대한 늘리는 것입니다.

　영어문장과 한국어 해석을 일대일로 비교하며 공부하는 것은 좋지 않습니다. 한 문장씩 해석하며 확인하는 습관은 영어로 말할 때 한국어를 개입시키는 안 좋은 습관을 만듭니다. 한국어를 먼저 떠올린 다음 영어로 바꾸다 보면 말하는 타이밍을 놓치게 됩니다. 따라서 먼저 한국어 지문을 읽어서 대화 내용을 이해한 후에는 영어문장만 보고 연습하는 것이 좋습니다. 한국어의 간섭을 막는 환경 설정이 중요합니다.

　20세가 넘은 성인이 영어권 국가로 유학을 간다고 가정해 보겠습니다. 그 사람은 하루 종일 영어만 듣고 영어로 말해야 되기 때문에 영어 실력이 점차 좋아질 것입니다. 모국어는 한국어이므로 모든 상황에서 한국어로 이해하고 생각하면서 말하기와 듣기는 영어로 하게 됩니다.

　이 사람과 우리의 차이는 단지 영어를 이해하는 부분입니다. 외국에서는 실제 상황을 접하면서 내용을 이해하지만, 한국에서는 책에 있는 한글 해석의 도움으로 이해합니다. '어떻게 이해하느냐'의 차이는 있지만 영어를 듣고, 읽고, 말하는 조건은 동일합니다. 이해를 하고 나면 외국에 있는 유학생처럼 그 외 시간은 오직 영어만 보고, 듣고, 말하는 데 사용해야 합니다. 그러면 유학생과 거의 비슷한 조건에서 영어를 배울 수 있는 환경을 만들 수 있습니다.

　유시민 작가는 독일에서 유학할 때 한국어로 이해하면서 독일어를 읽고 쓰고 말했다고 합니다. 한국어로 이해하고 영어만 보고, 듣고, 말하면서 상황을 연상하는 것입니다. 영어로 말을 할 때 상황과 영어문장은 떠오르지만 한국어 해석이 생각나지 않는다면 훈련이 제대로 된 것입니다. 모국어로 이해하고 영어만 보고, 듣고, 말하세요. 돈 들이지 않고 하는 어학연수가 됩니다.

매일 한 시간씩 연습하라

　직장인이 하루에 영어에 투자할 수 있는 시간은 기껏해야 한 시간 정도입니다. 욕심내서 많은 연습을 하기는 현실적으로 어렵습니다. 따라서 적은 양을 연습하고 연습한 것을 모두 소화할 수 있다면 가장 효율적인 방법일 것입니다. 하루에 영어문장을 10개씩 연습한다면 그것을 모두 자기 것으로 만드는 것이 진도를 더 나가는 것보다 낫습니다. 어차피 자주 쓰는 표현은 한정되어 있으니까요. 시험공부를 할 때 먼저 기출문제나 족보를 공부한 다음 나머지 자료를 살펴보는 것과 같은 이치입니다. 한 번에 너무 많은 양을 공부하면 집중력이 떨어져 머릿속에 별로 남지도 않습니다.

하루에 1시간을 영어공부에 투자한다면 내용 이해는 10분, 말하기 연습에는 50분 정도 사용합니다. 외국에 나가지 않고도 영어를 잘하는 사람들은 대부분 이와 같은 방법으로 연습합니다. 입으로 읽는 훈련은 너무나 중요합니다. 입으로 훈련해야 발음이 교정되고 리듬 감각이 길러져 회화 실력을 키울 수 있습니다. 회화를 잘하게 되면 작문 실력은 자연스럽게 갖추어집니다. 내 입에서 자연스럽게 나오는 표현을 글로 적은 것이 곧 작문이기 때문입니다. 또한, 내 입에 익숙해진 문장이 글로 쓰여 있는 것을 보는 순간 문장 전체가 한눈에 들어오게 됩니다. 즉, 직독직해가 이루어지는 것입니다.

우리나라와 같은 EFL(English as a Foreign Language) 환경에서 노출 부족을 보완할 수 있는 유일한 방법이 입을 사용해 강도 높은 훈련을 하는 것입니다. 직장인이라면 하루에 한 시간만 잘 활용해도 충분합니다. 영어권 국가에서 2~3년 정도 살아야 익힐 수 있는 표현이라도 집에서 50~100번 훈련하면 단 하루 만에도 내 것으로 만들 수 있습니다. 영어는 눈과 머리가 아니라 입과 귀로 훈련해야 합니다. 우리의 목표는 머리로 기억하는 것이 아니라 몸으로 숙달하는 체득입니다. 입으로 하는 연습량이 채워지면 외운 문장이 기억나지 않아서 영어회화가 안 된다는 고민은 필요 없게 됩니다.

매일 한 시간씩 연습하세요. 피곤한 날에는 영화나 미드를 보면서 연습한 표현을 확인하는 것도 좋습니다. 내가 연습한 문장을 다른 곳에서 들으면 뇌에 각인되어 기억이 오래 지속되니까요.

※ 효과적인 영어 말하기 연습 요령

① 자신의 수준과 목적에 맞는 책을 구한다.
② 약 3개월을 목표로 연습 계획을 세운다.
③ 원어민 음성을 들으며 큰 소리로 읽는다.
④ 연습한 자료를 자투리 시간에 듣는다.
⑤ 소리만 들으면서 입으로 따라 읽는다.
⑥ 하루에 1시간, 월 20시간 이상을 채운다.
⑦ 책이 끝나면 다른 책을 정해서 시작한다.

문장을 의미 단위로 나눠서 연습하라

직독직해가 되기 위해서는
① 우리말 어순으로 바꿔 해석하지 않고,
② 단어를 하나씩 번역해서 이해하지 않고,
③ 문장을 의미 단위별로 읽어야 합니다.

원어민은 여러 개의 단어를 묶어서 한 번에 이해합니다. 따라서 읽을 때뿐만 아니라 말하기 연습을 할 때도 의미 단위별로 나눠서 해야 합니다.

> **124397585247**

　위의 12개 숫자를 순서대로 하나씩 외우기는 어렵지만, 124 / 397 / 585 / 247과 같이 4개 단위로 나눠서 외우면 훨씬 쉽습니다.

　인지심리학 이론에 의하면 인간의 뇌는 보통 일곱 단위를 넘어가면 기억하는 데 어려움을 느낀다고 합니다. 전화번호 숫자가 7자리를 넘어가면 외우기 힘든 것도 그런 이유 때문입니다. 여러 개의 숫자나 단어를 한 묶음으로 이해하는 것을 '청킹'이라고 합니다.

　1초에 한 단어씩 청킹하면 1분에 60단어를 이해할 수 있지만, 3단어씩 청킹하면 180단어, 4단어씩 청킹하면 240단어를 이해할 수 있습니다. 원어민이 말하는 속도가 평균적으로 1분에 200단어 정도 되므로 이렇게 청크 단위로 연습하면 원어민의 영어를 이해하는 데 무리가 없습니다.

　동시통역사는 영어를 한 문장씩 들으면서 우리말로 바꿔 말합니다. 여러 단어로 이루어진 긴 문장을 한 번에 이해할 수 있기 때문입니다.

　원어민은 의미 단위별로 듣고 말합니다. 의미 단위별로 연습하면 영어문장을 통째로 외우는 것보다 효율적이고 쉽게 외울 수 있습니다. 의미 단위가 영어의 핵심 구조이기 때문에 숙달된 의미 단위가 쌓이면 동일한 패턴에 단어만 바꿔 가며 수백 개의 응용 문장을 만들 수 있습니다. 또한, 영어식 어순으로 이해하는 습관도 자연스럽게 길러집니다.

I'm learning English. / I have a lot to learn /
　　(3단어)　　　　　　　(6단어)
and should practice / very hard.
　　(3단어)　　　　　　(2단어)

위 문장은 14개 단어로 이루어져 있지만 원어민은 4개의 의미 단위로 읽습니다. 의미 단위별로 읽는 것은 단어를 하나씩 읽는 것과 큰 차이가 있습니다. 읽는 속도가 빨라질 뿐 아니라 영어식 어순 감각도 습득할 수 있기 때문에 전반적으로 영어를 이해하는 실력이 좋아집니다.

※ 의미 단위별로 끊어 읽는 법

① 짧은 문장은 한 번에 읽는다.
② 주어가 길 때는 동사 앞에서 끊어 읽는다.
③ 절(접속사, 관계사) 앞에서 끊어 읽는다.
④ 부사, 부사구, 부사절은 주절의 앞뒤에서 끊어 읽는다.
⑤ 구(전치사, 부정사, 동명사, 분사) 앞에서 끊어 읽는다.

다음 문장을 의미 단위로 끊어 읽는 연습을 해 보세요.

My hobby is drawing pictures.   5단어 / 1청킹
       짧은 문장
내 취미는 그림 그리기입니다.

She sent a message / in the morning.   7단어 / 2청킹
     짧은 문장   부사구
그녀가 아침에 문자를 보냈습니다.

I took a number / to buy a ticket.   8단어 / 2청킹
    짧은 문장   (to)부정사
표를 사기 위해 번호표를 뽑았습니다.

The man / washing his car / is my friend.   8단어 / 3청킹
            분사구
차를 닦고 있는 남자는 내 친구입니다.

I want to be a person / who can speak English well.   11단어 / 2청킹
     짧은 문장   관계사절(형용사절)
영어로 말을 잘하는 사람이 되고 싶습니다.

When I was young, / I used to go fishing / with my father.   12단어 / 3청킹
    부사절   짧은 문장   부사구
어렸을 때 아버지와 낚시를 가곤 했습니다.

일석오조,
낭독 훈련의 효과

　오랫동안 직장인들과 영어회화 스터디를 하면서 느낀 점이 있습니다. 한국인들은 영어를 입 밖으로 꺼내기를 두려워한다는 점입니다. 그동안 눈으로 공부하는 습관에 길들여져 있었기 때문입니다. 언어를 배울 때 가장 중요한 것은 입으로 말하는 연습입니다. 소리 내서 하는 말하기 연습은 가장 효과적이지만 가장 힘든 훈련이기도 합니다. 그런 이유로 많은 사람들이 정공법보다는 쉽고 편한 방법을 찾느라 시간을 보냅니다. 저도 예외는 아니었습니다. 좋다는 방법들을 찾아서 여러 가지 시도를 해 봤지만 결국 입을 사용해야 말하기가 된다는 사실을 깨달았습니다.

문장 구조가 체득된다

낭독 훈련은 외국어를 체득하기 위해 뇌와 구강 근육을 동시에 사용하는 것입니다. 영어의 소리와 문장 구조를 터득하는 가장 확실한 방법입니다. 온갖 방법을 시도해 봐도 영어 실력이 나아지지 않았다면 십중팔구 말하기와 같은 발음 훈련을 소홀히 했기 때문입니다.

영어를 듣고 말하기 위해 가장 먼저 터득해야 할 것은 소리를 듣는 능력과 문장 구조에 대한 이해력입니다. 아무리 많은 문법 지식과 단어를 알고 있어도 소리를 알아듣지 못하고 어순 감각이 부족하면 영어문장을 이해할 수 없습니다. 우리나라 사람들은 영어를 들을 때 어순을 이해하려고 하기보다는 들리는 단어 몇 개로 내용을 유추합니다. 문장 구조를 모르니 제대로 이해하지 못하는 게 당연합니다.

영어를 잘하려면 어순을 이해하고 몸으로 숙달하기 위한 노력을 해야 합니다. 어순 감각을 습득하면 내용은 저절로 이해가 됩니다. 우리가 한국어를 들을 때 바로 이해가 되는 이유도 한국어의 문장 구조를 완벽히 체득했기 때문입니다. 따라서 영어를 이해하기 위해서는 영어의 문장 구조에 익숙해져야 합니다. 크게 소리 내서 읽으면 영어의 소리와 어순을 뇌에 강력하게 새겨 넣을 수 있습니다. 단기간에 다양한 문장 구조의 패턴을 숙달하고 연습한 문장을 더 잘 기억할 수 있게 됩니다. 문장 안에서 단어가 조합되는 패턴을 감각적으로 터득하면 동일한 구조에 단어만 바꿔 가면서 다양한 문장을 만들 수 있습니다. 다시 말해, 문장을 외워서 말하지 않아도 되는 것입니다. 꾸준한 발음 훈련으로 어순 감각, 즉 문장 구조가 몸에 익숙해지도록 해야 합니다.

외우지 않아도 된다

낭독 훈련의 장점은 외우려고 애쓰지 않아도 된다는 점입니다. 영어공부를 할 때 '문장을 암기한다'는 말을 자주 합니다. 엄밀히 말하면 암기하는 것이 아니라 '암기가 될 정도로 많이 연습한다'는 뜻입니다. 영어공부를 쉽게 포기하는 이유 중 하나가 암기에 대한 스트레스입니다. '외울 문장은 많고 잘 외워지지 않는다'는 고정관념 때문입니다. 하지만 영어는 암기 과목이 아니라 연습으로 익히는 언어입니다. 저도 암기하는 데는 소질이 없어서 영어문장을 따라 읽는 데만 집중했습니다.

"생각이 날 듯 말 듯 해."라는 말은 영어로 It's on the tip of my tongue.이라고 합니다. 암기한 영어 표현은 말을 하려고 할 때 입에서 나오지 않고 혀끝에서 맴돕니다. 암기한 것은 지식 창고에 깊숙이 저장될 뿐 입 밖으로 꺼내기가 어렵습니다. 혀와 입술을 적극적으로 사용해서 언어 창고에 저장해야 합니다. 말을 하려면 혀와 입술 근육이 부드러워져야 합니다. 연습량이 흘러넘쳐야 입에서 나오는 것입니다. 따라서 말을 하다가 생각이 나지 않는 표현은 애써 기억하려고 노력할 필요가 없습니다. '연습량이 부족하구나.'라고 생각하고 연습을 더 많이 하면 됩니다. 연습량이 부족한 부분에 대한 피드백이 되는 것입니다.

젊은 시절 그라운드를 휩쓸던 프로 축구 선수도 은퇴 후 운동을 하지 않으면 평범한 아저씨 몸매로 변합니다. 사용하지 않는 근육은 굳어서 움직이지 않습니다. 영어도 마찬가지입니다. 혀와 입을 사용해야 합니다. 우리말도 암기해서 하는 말은 거의 없습니다. 하루도 빠짐없이 말하기 근육을 사용했기 때문에 말할 수 있는 것입니다. 그것도 매일 쓰는 말만 잘할 수 있습니다. 우리말도 평소에 쓰지 않는 말은 잘 못합니다. 그래서 평소에 잘 안 쓰던 말로 프레젠테이션을 하려면 별도로 연습을 해야 합니다. 언어는 암기해서 말하는 것이 아닙니다. 컵에 물을 가득 채워야 흘러넘치듯 연습량이 차고 넘쳐야 입에서 나옵니다. 매일 반복해서 읽으면 외우지 않아도 저절로 말할 수 있게 됩니다. 영어공부를 하면서 암기에 대해 너무 부담을 가질 필요는 없습니다. 편안한 마음으로 연습에만 몰두하면 반드시 노력에 대한 결과를 얻을 수 있을 것입니다.

모든 영역이 향상된다

낭독 훈련은 다른 영역의 언어 능력도 함께 향상시킵니다. 한 시간 연습으로 말하기, 듣기, 읽기, 쓰기 영역에서 각각 한 시간의 효과를 낸다면 결과적으로 4시간의 효과를 얻을 수 있습니다.

낭독 훈련은 문장 안에서 어휘의 쓰임을 함께 익힐 수 있어 어휘 공부를 따로 하지 않아도 됩니다. 또한, 말하기 실력이 좋아지면 영어로 된 글을 읽을 때 읽는 속도가 바로 이해 속도가 되고, 작문 능력도 급격히 향상됩니다. 말할 수 있는 것을 쓰는 것이 바로 작문이기 때문입니다. 또한, 영어의 소리와 어순 감각이 길러져 듣기 연습을 따로 하지 않아도 듣기 실력이 좋아집니다. 기존의 문법 따로, 독해 따로, 어휘 따로 공부하는 방식은 비효율적일 뿐 아니라 제대로 된 실력을 만들기도 어렵습니다.

우리는 그동안 시험용 공부에만 열중했기 때문에 투입한 노력을 영어 실력으로 바꾸지 못했습니다. 소리 내서 읽으면 소리 감각과 어순 감각이 길러져 언어를 이해하는 능력이 좋아집니다. 지금부터라도 큰 소리로 영어문장을 낭독해 보세요. 전보다 실력이 눈에 띄게 향상될 것입니다. 눈이 아닌 입으로 하는 영어공부를 해야 합니다. 큰 소리로 읽는 습관은 여러분의 영어 실력에 기적을 만들어 줄 것입니다.

"낭독은 학습자의 독해, 말하기, 쓰기, 어휘력을 향상시키며 영어에 대한 자신감과 흥미를 유발하는 훌륭한 교수법이다."

－피셔 & 테리

※ 크게 소리 내서 읽는 훈련의 효과

① 영어의 소리 감각과 어순 감각이 길러진다.

② 듣기와 읽기 능력이 동시에 좋아진다.

③ 읽기 능력이 좋아져 듣기 실력이 더 향상된다.

④ 입 근육이 단련되어 말하기 실력이 좋아진다.

⑤ 말하기 실력이 좋아져 작문 실력도 향상된다.

단기간에 프리토킹 잘하는 비결

우리가 매일 쓰는 말은 패턴이 일정하게 정해져 있습니다. 하루 일과가 대체로 비슷하기 때문입니다. 설령 영어로 말하는 환경으로 바뀌더라도 쓰는 말은 우리말과 크게 다르지 않을 것입니다. 우리말로도 자주 쓰지 않는 말을 굳이 영어로 하지는 않을 테니까요.

몇 년 전 아프리카에서 오신 분들과 식사를 함께한 적이 있습니다. 그들은 알아듣기 어려운 투박한 발음과 기초적인 문장으로 자신 있게 영어를 구사했습니다. 돌이켜 보니 그들은 늘 습관적으로 하던 말만 능숙하게 했다는 것을 알았습니다. 영어를 잘한다는 것은 뭘까요? 내가 하고 싶은 말을 능숙하게 하고 알고 싶은 내용을 어려움 없이 이해하는 것이 아닐까요? 바쁜 직장인이 영어를 잘할 수 있는 현실적인 방법은 다음 공식과 같습니다.

적은 분량 × 충분한 연습 = 유창한 실력
(늘 쓰는 말)　　(누적 복습)　　(사용 능력)

매일 쓰는 말부터 연습하라

운전을 잘하고 싶다고 모든 종류의 자동차를 타려고 하는 사람은 없습니다. 자신의 사용 목적에 맞는 자동차를 구입해 운전하면 되니까요. 영어도 자동차 운전과 비슷합니다. 내가 탈 자동차를 길들이듯 나에게 필요한 영어부터 먼저 숙달합니다. 그런 다음 점차 관심 있는 영역으로 확장해 나가면 됩니다. 출근해서 퇴근할 때까지 매일 하는 말들을 메모해 보세요. 내가 자주 쓰는 한국말을 영어문장으로 바꾸어 연습하는 것입니다. 해외여행을 계획하고 있다면 여행 갔을 때 필요한 말을 정리하면 되겠죠. 일단 일상회화 500문장, 여행영어 200문장 정도면 충분합니다. 책에 나와 있다고 해서 아무 문장이나 다 외우는 것은 비효율적입니다.

직장인이 하루 일과 중 자주 쓸 만한 말들을 적어 봤습니다.

좋은 아침입니다. 날씨가 좋네요.
Good morning. Nice weather, isn't it?

10분 후에 회의가 있습니다.
We'll have a meeting in 10 minutes.

혹시 김 부장님 보셨어요?
Have you seen Mr. Kim by any chance?

결재 받을 게 있어서요.
I need him to sign something.

오늘 안 나오셨어요. 휴가 내셨어요.
He didn't come in today. He took the day off.

내일이 휴일이잖아요. 연휴를 길게 보내고 싶으셨나 봐요.
Tomorrow is a holiday. He wanted to take a long weekend.

시간 참 빠르네요! 벌써 점심시간이에요.
Time flies! It's lunch time already.

구내식당에서 점심 먹고 싶지 않아요.
I don't feel like having lunch at the cafeteria.

오늘은 외식하는 게 어때요?
Why don't we eat out today?

뭐 드시고 싶어요?
What do you want to have?

간단하게 먹고 싶은데요.
I'd like to have something light.

저는 해장국을 먹고 싶어요.
I want to have some hangover soup.

어젯밤에 과음하셨나 봐요.
You must have drunk a lot last night.

숙취가 좀 심하네요.
I'm suffering from a terrible hangover.

어디로 갈까요?
Where do you want to go?

중화요리 어때요?
How about Chinese food?

중국 음식 먹은 지 몇 달 됐네요.
I haven't had Chinese food in months.

커피 한잔 하면서 좀 쉴까요?
Let's have a coffee break.

아쉽게도 점심시간이 끝났어요.
I'm afraid lunch break is over.

업무에 복귀할 시간이에요.
It's time to get back to work.

복사기가 또 말썽이에요.
The copy machine isn't working again.

종이가 끼었어요.
The paper is jammed.

종이가 떨어졌어요.
It's out of paper.

토너가 부족해요.
The toner is low.

퇴근 후 한잔 어때요?
How about having a drink after work?

좋아요. 이번에는 제가 살게요.
Sure. I'll pay for it this time.

그러고 싶은데 선약이 있어요.
I'd love to, but I already have plans.

아마 오늘 야근해야 할 것 같아요.
Maybe I need to work overtime today.

제가 맥주 한잔 살 게 있는 것 같아요.
I think I owe you a beer.

몇 시가 좋으세요?
What time is convenient for you?

저는 보통 6시에 퇴근해요.
I usually get off work at six.

6시 30분 어때요?
How about six thirty?

좋아요! 로비에서 기다릴게요.
Great! I'll be waiting in the lobby.

이만 퇴근하겠습니다.
I'm leaving for the day.

내일 봬요!
See you tomorrow!

 이런 식으로 내가 자주 쓰는 표현을 정리해서 연습하면 시간 대비 효율을 높일 수 있습니다. 공부를 위한 표현이 아니고 바로 써먹을 수 있는 문장이라 기억에도 훨씬 오래 남습니다. 여행지에서 자주 쓰는 말도 영어로 정리해서 연습해 보세요. 내가 말하고 싶은 문장을 먼저 연습해야 자신감도 생기고 영어가 재미있어집니다.

누적 복습을 하라

 영어는 반복이 중요합니다. 하지만 반복 학습도 똑똑하게 해야 효과가 있습니다. 우리 뇌는 가장 최근에 입력된 정보만 저장되도록 설계되어 있습니다. 그래서 시간이 지난 기억은 망각됩니다. 복습을 할 때 중요한 것은 복습한 내용을 다시 보는 것입니다. 오래된 기억을 최신 기억으로 주기적으로 업데이트해야 합니다. 이것을 '누적 복습법'이라고 부릅니다. 100일 동안 하루에 영어문장을 5개씩 외운다면 아래와 같이 복습하는 것입니다.

1일차	5문장
2일차	5문장 + (1일차) 복습
3일차	5문장 + (2일차 + 1일차) 복습
4일차	5문장 + (3일차 + 2일차 + 1일차) 복습
	(중략)
60일차	5문장 + (59일차 + 58일차…… + 3일차 + 2일차 + 1일차) 복습
70일차	5문장 + (69일차 + 68일차…… + 3일차 + 2일차 + 1일차) 복습
80일차	5문장 + (79일차 + 78일차…… + 3일차 + 2일차 + 1일차) 복습
90일차	5문장 + (89일차 + 88일차…… + 3일차 + 2일차 + 1일차) 복습
100일차	5문장 + (99일차 + 98일차…… + 3일차 + 2일차 + 1일차) 복습
	30분 30분

〈날짜가 지날수록 복습 시간을 짧게 줄여야 한다〉

공부한 것을 잊어버리는 이유는 오래되었기 때문입니다. 일정한 주기로 복습을 반복해야 오래 지속되는 장기 기억으로 바뀝니다. 공부의 신으로 불리는 강성태 씨도 수험생들에게 '누적 복습법'의 중요성에 대해 강조합니다. 한 번에 오랫동안 복습하는 방식보다 짧게라도 자주 복습하는 것이 더 효과적이라는 것은 과학적으로도 밝혀졌습니다. 따라서 복습할 때는 되도록 시간을 적게 쓰는 것이 좋습니다. 예를 들면, 기억이 잘 나지 않는 문장만 체크해서 선별적으로 연습하는 것입니다. 주의할 점은 완전히 외워질 때까지 연습하는 것이 아니라는 점입니다. 시간은 짧지만 반복 횟수를 늘려 자연스럽게 외워지도록 만드는 것이 핵심입니다.

억지로 외우려고 하지 말고 반복 횟수를 늘리는 데 신경을 쓰세요. 하루에 5문장씩 20일간 100문장을 외운다면, 20일째 되는 날에는 19일차부터 1일차까지 30분 내에 빠르게 복습합니다. 19일 동안 누적 복습을 했기 때문에 잘 숙달되지 않은 문장 위주로 복습하면 됩니다. 뇌는 자주 본 것과 가장 최근에 본 것만 기억합니다. 기억의 원리를 이용하세요. 이 방법으로 복습하면 '잊어버릴까 봐'라는 걱정은 안 해도 됩니다.

어휘는 반드시
문장 안에서 익혀라

단어 때문에 영어공부를 어려워하는 사람들이 많습니다. 열심히 외워도 얼마 지나지 않아 잊어버리기 때문입니다. 벼락치기로 외운 것은 쉽게 잊어버립니다. 따라서 어휘를 한꺼번에 외우려는 시도는 도리어 역효과를 낳습니다. 언어는 단기간에 몰입하는 시험공부와는 다릅니다. 시간이 좀 걸리더라도 어휘는 문맥 속에서 익혀야 기억에 오래 남습니다.

영어회화를 잘하고 싶다면 이미 알고 있는 단어만 제대로 활용해도 충분합니다. 원어민이 일상생활에서 사용하는 어휘는 3,000개 정도밖에 되지 않습니다. 전공 서적을 읽거나 유학 시험을 준비하는 것이 아니라면 중학교 때 배운 어휘로도 일상적인 영어를 구사하는 데는 문제가 없습니다. 말하기가 안 되는 이유는 어휘력보다 단어를 연결해서 문장을 만드는 능력이 부족하기 때문입니다. 따라서 단어 암기보다 쉬운 단어로 문장을 만드는 연습을 해야 합니다.

문장 안에서 익혀라

모든 어휘는 문장 안에서 생명을 갖습니다. 우리가 하루 종일 듣고 말하는 내용은 문장으로 시작해서 문장으로 끝납니다. 언어를 배우는 초기에는 필수 단어를 외우는 시기가 있습니다. 하지만 그 이후에는 모두 문장 단위로 읽고 말합니다. 따라서 단어를 1,000개 알고 있는 것보다 문장을 100개 알고 있는 것이 더 낫습니다.

어휘를 습득하는 가장 좋은 방법은 말하기나 독서를 통해 문장 안에서 익히는 것입니다. 문장 안에서 주로 어떤 단어와 함께 사용되는지 익혀야 기억도 오래갑니다. 특히 일상적인 기본 어휘는 말하기 훈련을 통해 터득하는 것이 좋습니다. 문장 단위로 말하기 훈련을 하면 그 어휘가 실제 문장에서 어떻게 사용되는지 자연스럽게 알게 됩니다. 또한, 어휘의 실제 활용뿐 아니라 우리가 문법이라고 부르는 영어의 문장 구조도 터득할 수 있습니다. 어휘를 많이 알고 있다고 해서 말하기가 되는 것은 아닙니다. 말을 못하는 이유는 문장 만드는 연습을 하지 않았기 때문입니다. 문장을 자주 읽으면서 말하기 연습을 해야 합니다.

  단어가 아니라 문장을 많이 아는 사람이 영어를 잘합니다. 그러므로 단어장보다 영어문장을 한 개라도 더 보는 것이 좋습니다. 단어장을 만들어 공부하는 습관은 별로 좋지 않습니다. 굳이 단어장이 필요하다면 해당 단어가 포함된 예문을 반드시 적어야 합니다.

  또한, 영어단어와 한글 뜻을 일대일로 대응시켜 외우는 습관을 버려야 합니다. 영어와 한국어는 다른 언어이므로 영어단어를 한국어와 일대일 대응해서 의미를 파악할 수 없기 때문입니다. 단어를 하나씩 우리말로 바꿔 이해하지 말고 상황을 그림으로 그려서 이해해야 합니다. 영어를 잘하는 사람은 영어를 이해할 때 우리말의 간섭을 거의 받지 않습니다. 머릿속에 그림을 그려서 이해하기 때문입니다. 이미지로 이해하는 연습이 영어 실력을 높여 줍니다.

I <u>run</u> 5 kilometers every morning.
저는 매일 아침 5킬로미터를 달립니다.

The road <u>runs</u> parallel to the river.
그 길은 강을 따라서 뻗어 있다.

Who is <u>running</u> tomorrow's meeting?
내일 회의는 누가 주재하나요?

밑줄 친 run의 의미가 모두 다르다.

I think good looks <u>run</u> in my family.
잘생긴 건 우리 집안 내력인가 봐.

I'm <u>running</u> out of time.
시간이 얼마 안 남았어요.

어휘는 다른 어휘와 만나 새로운 의미를 만듭니다. 같은 어휘라도 만나는 어휘가 달라지면 상황에 따라 의미가 달라집니다. 따라서 단독으로 뜻을 외운 단어는 아무 의미가 없습니다. 외우고 싶은 단어가 있다면 그 단어가 포함된 문장을 함께 익혀야 합니다. 하루에 10문장씩 소리 내서 반복해 읽으면 입에서 저절로 튀어나올 정도로 숙달됩니다. 그렇게 지속적으로 훈련하면 어휘 감각은 물론 문장을 자신 있게 말할 수 있는 실력을 기를 수 있습니다.

덩어리로 익혀라

다음 단어 앞에 공통적으로 쓸 수 있는 동사는 무엇일까요?

정답은 wear입니다.

원어민은 '화장하다'를 wear makeup, '미소를 짓다'는 wear a smile, '향수를 뿌리다'는 wear perfume과 같이 말합니다. 우리말로 해석되는 대로 do makeup(화장하다) 또는 spray perfume(향수를 뿌리다)과 같이 말하면 원어민들은 이상하다고 느낍니다. 자신들은 쓰지 않는 표현이기 때문입니다.

원어민이 습관적으로 함께 쓰는 단어들의 조합을 '연어(collocation)'라고 부릅니다. 어휘는 되도록 연어의 형태로 익히는 것이 좋습니다. 영어공부를 하면서 '덩어리로 익히라'는 말을 자주 들었을 것입니다. 이 말은 어휘를 익힐 때 다른 어휘들과 어떻게 어울려 사용되는지 관찰하라는 뜻입니다. 아는 어휘는 많아도 말이 잘 안 나오는 이유는 대부분 덩어리로 익히지 않아서입니다.

Can I ask you a big favor?
어려운 부탁 하나 해도 될까요?

I maxed out my credit cards.
신용카드를 한도까지 다 썼습니다.

I broke up with my girlfriend last week.
지난주에 여자 친구와 헤어졌어요.

위 문장에서 max out이라는 표현만 외우는 것보다는 credit cards까지 함께 묶어서 익히는 것이 좋습니다. 마찬가지로 break up with만 외우지 않고 girlfriend까지 연결해서 연습합니다. 실제 상황에서 함께 사용될 빈도가 매우 높기 때문입니다. 이렇게 여러 개의 어휘가 조합된 연어 형태로 익혀 두면 회화를 할 때 입에서 자연스럽게 나오게 됩니다. 용법도 저절로 알게 되고 실전에서 활용 능력이 월등히 좋아집니다.

수동 어휘와 능동 어휘

Many animals hibernate during the winter.
많은 동물들이 겨울철에 동면을 한다.

I went to bed early last night, but I couldn't sleep.
어젯밤 일찍 잠자리에 들었지만 잘 수가 없었다.

'동물이 겨울잠을 자다'라고 할 때는 hibernate라는 동사를 사용합니다. 반면, 사람이 잠을 잘 때는 sleep이라는 동사로 표현합니다. 둘 다 '잠을 자다'라는 의미지만, '겨울잠을 자다'와 같은 표현은 주로 학교에서 배우는 교과서에서나 볼 수 있고 일상생활에서는 사용할 일이 거의 없습니다.

이런 어휘를 '수동 어휘'라고 부릅니다. 쉽게 말해, 책을 읽을 때는 필요하지만 말할 때는 사용할 기회가 별로 없는 어휘입니다. 수동 어휘는 문자 그대로 수동적으로 익히는 것이 좋습니다. 읽어서 이해만 하면 되기 때문입니다. 입으로 구사하는 어휘가 아니기 때문에 글을 많이 읽어서 문맥 안에서 의미를 이해하면 됩니다. 사자성어를 한자로 쓰지는 못하지만 읽을 수 있는 것과 비슷합니다. 따라서 수동 어휘는 구어체 영어와 같이 굳이 따라 읽으면서 습득할 필요가 없습니다. 각종 영어 시험에서 독해 공부를 할 때 지문을 많이 읽으면 이해하는 데 필요한 어휘 실력을 갖출 수 있습니다.

반면, '능동 어휘'는 우리가 매일 일상적으로 하는 말에 쓰이는 실용 어휘입니다. 따라서 단순히 글을 읽고 이해하면 끝나는 것이 아니라 입으로 숙달시켜야 활용할 수 있습니다. 능동 어휘는 말하기 연습을 하면서 활용 능력이 길러지기 때문에 따로 암기하지 않아도 됩니다. 따라서 영어회화를 잘하려면 어휘를 낱개로 외우기보다 구어체 문장을 소리 내서 읽는 연습을 많이 해야 합니다.

영어로 된 글을 잘 이해하고 싶다면 영어책을 많이 읽고, 말을 잘하고 싶다면 대화체 문장으로 말하는 연습을 많이 해야 합니다. 영어를 배우는 목적에 따라 어떻게 공부해야 할지도 다릅니다. 영어 잘하는 데 좋은 습관 두 가지는 독서와 말하기 연습입니다.

생각거리 04	**영어 말하기를 쉽게 하는 방법**

배우들은 대사 한 마디를 전달하기 위해 수십, 수백 번을 연습한다고 합니다. 대사는 물론 표정, 몸짓, 목소리 톤 등이 어우러져 감정과 의미를 정확하게 전달해야 하니까요.

드라마 〈태양의 후예〉를 보면 송중기 씨가 영어를 구사하는 장면이 나옵니다. 얼굴도 잘생기고 연기도 잘하는데 영어까지 잘하니 얼마나 멋져 보일까요? 아마도 배우로서 영어도 연기 연습하듯 끊임없이 반복해서 연습했을 것입니다. 대사가 영어였든 한국어였든 배역에 완전히 몰입해서 온몸으로 표현하려고 노력한 것입니다.

할리우드에서도 맹활약 중인 배우 이병헌 씨는 영화 〈마스터〉에서 필리핀식 억양과 발음을 자연스럽게 구사하는 모습을 보여 줍니다. 그는 어느 TV 인터뷰에서 "영어 연기는 다른 언어로 다양한 감정을 표현해야 하기 때문에 더 어렵다."고 말한 바 있습니다. 하지만 그가 스크린 화면을 통해 보여 준 것은 영어를 잘하는 배우의 모습이 아니라 배역을 완벽하게 소화하기 위해 혼신의 노력을 다하는 모습이었습니다.

나승연 씨는 평창 동계올림픽 유치를 위해 프레젠테이션을 준비하면서 약 5분가량의 스피치를 100번도 넘게 연습했다고 합니다. 외교관이었던 아버지를 따라 오랜 기간을 외국에서 생활했던 그녀가 영어를 못해서 그렇게 연습한 것이 아닙니다. 말이란 연습량이 넘쳐흘러야 입에서 자연스럽게 나오는 것이기 때문입니다.

우리가 하는 영어도 그렇게 연습해야 합니다. 표현 하나하나에 감정을 실어서 배우가 혼신의 연기를 하듯 연습해야 비로소 자연스럽게 말할 수 있게 됩니다.

영어 말하기 잘하는 방법

① 쉬운 표현으로 말하기
"이 근처에 있어요."라고 말할 때 It's just around the corner.라는 표현이 바로 생각나지 않는다면 It's very near here.와 같이 쉬운 표현으로 말한다.

② 기본 동사 활용하기
구어체에서는 행위를 나타내는 일반동사보다 get, take, give, have와 같은 기본동사를 자주 사용한다. "올 겨울에 눈이 많이 왔어요."라고 말할 때 It snowed a lot this winter.보다는 We had a lot of snow this winter.와 같이 말한다.

③ 간접적으로 설명하기
정확한 영어 표현을 모를 경우 다른 말로 돌려서 설명한다. "여자 친구와 헤어졌어요."라는 말은 I broke up with my girlfriend.라고 하지만, break up with라는 표현을 모른다면 I don't want to see my girlfriend any more.와 같이 말한다.

Your time is limited,
so don't waste it living
someone else's life.
_Steve Jobs

여러분의 시간은 한정되어 있습니다.
그러니 남의 인생을 사느라
시간을 낭비하지 마세요.

05

직장인을 위한 현실적인 공부법

나이가 많아도 영어를 잘할 수 있을까?

일반적으로 사람들은 나이가 들면 영어를 배우기가 어렵다고 생각합니다. 사춘기가 지나면 언어를 배우기 어렵다고 말하는 언어학자들의 '결정적 시기' 가설 때문입니다. 그러나 결정적 시기 가설은 검증되지 않았으며, 이 가설을 뒷받침하기 위한 연구는 대부분 미국에 정착한 이민자들을 대상으로 한 것입니다. 우리처럼 영어를 일상생활에서 거의 사용하지 않는 환경에서 이루어진 연구는 단 한 건도 없습니다. 그것은 우리나라와 같은 환경에서는 '몇 살부터 영어를 배우는지가 영어 능력을 결정하지 않는다'는 뜻이기도 합니다.

한국어 실력이 유창한 미국 출신의 방송인 타일러는 2007년부터 독학으로 한국어를 배웠다고 합니다. 그는 한 언론 인터뷰에서 다음과 같이 말했습니다.

"한국어는 8년 정도 공부했어요. 한국어를 배운 지 1년 반 정도 되었을 때 자신 있게 제 뜻을 표현할 수 있게 된 것 같아요."

그는 또한 자신의 SNS에 한국어 공부 비결에 대해 다음과 같은 글을 남기기도 했습니다.

"특별히 마음에 들거나 기억하고 싶은 말만 적어 놔요. 좋아하는 표현이라 금방 외워지고 공부가 지겹지 않더라고요."

우리도 각자에게 필요한 표현이나 좋아하는 문장 위주로 공부한다면 영어공부가 그렇게 힘들게만 느껴지지 않을 것입니다. 개그맨 김영철 씨도, 할리우드에 진출한 영화배우 이병헌 씨도 모두 성인이 되고 나서 본격적으로 영어를 배웠습니다. 그럼에도 불구하고 영어를 잘한다는 소리를 듣습니다. 영어를 배우는 데 좋은 시기는 따로 없습니다. 절실히 필요한 때가 바로 적기입니다.

환경이 다르면 방법도 다르다

언어를 배우는 환경은 크게 세 가지로 나눌 수 있습니다. 하나는 모국어로 배우는 ENL(English as a Native Language) 환경, 또 하나는 제2 모국어로 배우는 ESL(English as a Second Language) 환경, 그리고 마지막으로 외국어로 배우는 EFL(English as a Foreign Language) 환경입니다. ESL 환경은 집에서는 모국어를 사용하지만 학교나 사회에서 영어를 주 언어로 사용하는 환경을 말합니다. 네덜란드, 싱가포르와 같은 나라에 살거나 미국, 캐나다, 호주 같은 영어권 국가로 이민을 간 사람들이 여기에 해당됩니다. 반면, EFL 환경은 학교에서 영어를 배우지만 가정이나 사회에서는 모국어를 사용하는 환경입니다. 우리나라나 일본 같은 나라는 전형적인 EFL 환경에 해당됩니다.

언어학적으로 인간이 특정한 언어를 알아듣고 기본적인 의사소통을 하는 데까지 필요한 시간은 약 3,000시간 정도라고 합니다. 1차적인 언어 학습을 마친 상태에서 일상생활에서 원활한 의사소통을 하기 위해서는 약 9,000시간이 필요합니다. 만 2세에서 만 5세에 이르는 3년 동안 하루 8시간 정도를 부모, 형제, TV 등을 통해 언어에 연속적으로 노출되는 시간입니다. 이후 20세 성인이 되기까지는 15년의 시간이 더 필요하므로 한 언어를 습득하는 데는 실로 엄청난 시간이 축적되어야 하는 것입니다.

백지 상태의 뇌로 태어난 아이가 모국어를 습득하는 것과 모국어가 완성된 성인이 외국어를 습득하는 것을 단순히 이론적인 시간으로 비교하기에는 무리가 있습니다. 언어 습득 능력과 환경이 전혀 다르기 때문입니다.

우리나라와 같은 EFL 환경에서는 ESL 교육 방식이 맞지 않으며 효과도 거두기도 어렵습니다. ESL 방식은 앞으로 영어권 환경에서 살아갈 사람들을 위해 만들었기 때문입니다.

우리나라는 일상적으로 영어를 쓰지 않는 환경입니다. 영어를 사용하지 않는 사람이 하루에 10분 정도 원어민과 대화를 나누는 방식으로 원하는 실력을 만들 수 없습니다. 우리에게는 대화 상대가 아니라 말하기 연습이 필요합니다. 언어 환경이 다르면 방법도 달라져야 합니다.

욕심을 버리고 노력을 하자

우리는 하루에 1시간 정도 투자하면서 6개월이나 1년 안에 영어를 잘하고 싶다고 말합니다. 사람들의 그런 심리를 파고들어 시중에는 3개월이나 6개월 만에 영어를 끝내 준다는 책과 강의가 넘쳐납니다. 하지만 과연 6개월 공부해서 영어를 마스터했다고 자신할 수 있는 사람이 있을까요?

영어 실력이 늘지 않는 원인은 크게 두 가지입니다.

① 잘못된 학습법
② 노력 양의 부족

'임계량의 법칙'이라는 것이 있습니다. 아무리 노력해도 노력의 양이 임계치에 도달하지 못하면 결과가 밖으로 드러나지 않습니다. 물을 가열해도 99도까지는 눈에 띄는 변화가 보이지 않는 것과 같습니다.

인디언들이 기우제를 지내면 반드시 비가 내린다고 합니다. 그 비밀은 비가 올 때까지 기우제를 지내는 인내력에 있습니다. 무엇이든 임계치에 도달해야만 변화가 시작됩니다. 따라서 멈추지 않고 변화가 나타날 때까지 계속 노력을 해야 합니다.

미국에서 대학을 마치고 귀국한 지 얼마 안 된 사람과 대화한 적이 있습니다. 그 사람은 "미국에 5년 정도 살았더니 제가 하고 싶은 말을 그럭저럭 할 수 있더라고요."라고 말했습니다. 미국에서 보낸 5년을 밥 먹고 잠자는 시간을 제외하고 하루 16시간으로 계산해 보면 5년 동안 29,200시간 영어에 노출된 셈입니다.

미국에서 5년 생활한 경우
16시간/일 × 365일/연 × 5년 = 29,200시간

그런데 이것을 보통 사람들이 영어공부를 하는 것처럼 하루에 한두 시간씩 공부하는 것으로 계산해 보면 어떻게 될까요?

하루 1시간씩 공부한 경우
29,200시간 ÷ 365시간 = 80년

하루 2시간씩 공부한 경우
29,200시간 ÷ 730시간 = 40년

하루 1시간씩 공부할 경우에는 80년, 2시간씩 공부할 경우에는 40년이나 됩니다. 영어에 능통한 것도 아니고 하고 싶은 말을 하는 수준이 되기까지도 상당한 시간이 필요하다는 것을 알 수 있습니다.

그동안 우리가 영어를 공부한 양은 생각보다 적습니다. '6개월 정도 공부하면 영어를 어느 정도 말하고 이해할 수 있지 않을까?'라는 착각에서 벗어나야 합니다. 미국에서 5년 살다 온 사람도 아직 영어가 쉽지 않다고 말합니다. 그것의 100분의 1도 안 되는 노력으로 우리가 영어 잘하기를 바라는 것은 잘못된 생각입니다. 조급한 마음을 버리고 욕심을 줄여야 합니다.

현실적인 목표를 정하자

그렇다면 한국에서 영어를 잘하는 것은 불가능할까요? 그렇지 않습니다. 성인이 되어 영어를 배웠어도 본인에게 필요한 실력을 만든 사람들이 이를 증명하고 있습니다. 그들은 대부분 자신에게 필요한 영어를 명확히 정하고 전략적인 방법으로 목표를 성취했습니다.

우리는 한정된 시간 안에 이룰 수 있는 목표를 설정해야 합니다. 목표가 현실적이어야 달성할 확률이 높습니다. 저는 2~3개월마다 영어회화 책을 한 권씩 끝내는 것을 목표로 정하고 실행했습니다. 그리고 6개월마다 조금씩 수준을 높여 나갔습니다.

1년 정도 시간을 투자하면 자신의 취미와 신변잡기를 영어로 표현할 수 있는 실력이 됩니다. 그다음부터는 본인의 취향에 따라 목표를 설정하면 됩니다. 시사에 관심이 많다면 영어 뉴스도 좋고, 영화나 미드 마니아라면 좋아하는 에피소드를 보면서 연습하는 것도 좋습니다. 좋아하는 배우의 대사를 본인의 것으로 만들려고 노력하면서 즐겁게 배울 수 있겠죠. 소설을 좋아한다면 쉽고 짧은 영어 소설 읽기를 새로운 취미로 삼아도 좋습니다. 우리 주변에 영어를 잘하는 사람들은 대부분 이런 방식으로 목표를 설정하고 실행했습니다. 저도 마찬가지입니다. 제가 관심 있고 좋아하는 분야인 영어회화를 지금까지 해 왔습니다.

운동신경이 좋다고 해서 모든 종목의 운동을 다 잘할 수는 없습니다. 자신이 가장 좋아하는 종목을 선택하고 그것에 집중해야 잘할 수 있습니다. 우리가 원하는 영어 실력은 모든 분야가 아닌 자신이 관심 있는 분야의 영어를 잘하는 것입니다. 지금 나에게 필요한 것이 무엇인지 알아야 거기에 맞는 노력을 할 수 있습니다. 잘하고 싶은 영어가 어떤 분야인지 생각해 보세요. 내가 하고 싶은 것부터 숙달해야 영어를 배우기가 쉬워집니다.

나에게 필요한 영어책 고르는 법

영어를 배울 때 어떤 책으로 공부하는지도 중요합니다. 목표를 달성하기 위해서는 시간 낭비를 줄여야 하기 때문입니다. 목적과 수준에 따라 다양한 책이 있겠지만, 여기서는 실용 영어 교재를 중심으로 설명하겠습니다.

영어회화 책의 종류

① 대화형

상황별 대화를 통해 표현을 익히는 책입니다. 무작정 외운 토막 문장은 어떤 상황에서 써야 할지 잘 모르기 때문에 실제 상황에서 활용하기가 어렵습니다. 대화 속에서 익힌 문장은 유사한 상황에서 사용해 본 경험이 있기 때문에 자신 있게 말할 수 있습니다. 언어는 상황 속에서 익혀야 배우기 쉽고 연상하기도 쉽습니다. 따라서 자주 접하는 상황에서 쓰는 문장을 중심으로 활용도 높은 표현부터 익히는 것이 좋습니다.

② 패턴형

쉬운 회화 패턴을 익히고 단어를 바꿔 문장 만들기 연습을 하는 책입니다. 쉽게 시작할 수 있다는 점에서 초보자에게 인기가 있습니다. 하지만 패턴에 초점을 맞추다 보면 정작 중요한 실제 쓰이는 문장을 익히는 데는 소홀해지기 쉽습니다. 또한 패턴을 익혀 다양한 상황에서 필요한 표현을 구사하는 데는 한계가 있습니다. 정리된 패턴을 외우는 것보다 다양한 표현을 익혀서 자주 쓰이는 패턴을 스스로 정리할 수 있어야 합니다.

③ 사전형

여러 가지 상황별 표현을 사전식으로 정리한 표현집입니다. 영어회화를 공부하면서 유사한 표현이나 추가 표현을 참고로 익히는 데 도움이 됩니다. 다만, 한국어를 배우기 위해 국어사전에 나온 모든 문장을 외우지 않듯이 표현집에 나온 모든 문장을 외울 필요는 없습니다. 궁금할 때 찾아보는 용도로 한두 권 소장하면 좋습니다.

④ **문법형**

문법을 먼저 배우고 문장으로 연습하는 책입니다. 문법은 문장을 만드는 규칙입니다. 원어민들은 편하게 말하기 위해 문법을 정확히 지키지 않고 표현하는 경우가 많습니다. 문법은 글을 쓸 때 정확성을 높이기 위해서 배우는 것입니다. 따라서 말할 때 실제 쓰이는 문장을 먼저 익히고, 문법은 문장을 만드는 원리가 궁금할 때 찾아보면 됩니다.

좋은 영어책의 기준

영어회화 책을 달달 외우면 말하기를 잘할 수 있을까요? 10년이 넘게 수백 권의 회화책을 공부하고 나서 느낀 점이 있습니다. 시중의 교재 중에 실용적이지 않은 것들이 많다는 것입니다. 다시 말해, 내가 말하는 데 별로 도움이 되지 않는 표현이 많았습니다. 공부한 책이 쌓여도 말하기 실력이 나아지지 않는 이유는 불필요한 문장을 외웠기 때문입니다. '알아 두면 좋은 표현'은 다른 말로 하면 '몰라도 되는 표현'입니다. 또한, 같은 한국인이라도 개인마다 자주 쓰는 말이 다르듯이 원어민이 자주 하는 말과 내가 자주 하는 말은 다릅니다. 따라서 자신이 습관적으로 하는 말에 해당되는 영어 표현을 익혀야 합니다.

자신이 자주 쓰는 영어 표현이 많이 들어 있는 교재를 선택하세요. 나의 관심사와 관련된 표현부터 우선적으로 익혀야 가성비를 높일 수 있습니다. 그 외의 표현이나 문장은 외우지 않고 이해만 하고 넘어가도 됩니다. 공부를 하면서 '말할 때 필요한가' 아니면 '이해만 해도 되는가'를 구분해서 집중도를 달리하는 것도 하나의 방법입니다. 다른 사람이 정리한 책 속에 나에게 필요한 표현들만 모두 담겨 있기는 어렵습니다. '나에게 필요한 표현은 내가 정리한다'는 마음으로 나만의 표현 노트를 만들어 보세요. 제가 영어 실력을 늘린 비결도 스스로 정리한 표현집을 사람들과 공유한 것이었습니다. 다른 사람이 정리한 자료로 공부할 때보다 실력이 훨씬 좋아지는 것을 경험할 수 있습니다.

필요한 표현만 외우자

제가 영어책을 쓰는 이유는 딱 하나입니다. 다른 분들이 저처럼 영어공부에 너무 많은 시간과 노력을 허비하지 않기를 바라기 때문입니다. 저는 서른이 되어서야 영어공부를 시작했습니다. 지난 15년간 한쪽 벽의 책장을 꽉 채울 정도로 많은 영어책을 공부했습니다. 100권이 넘는 영어학습법 책에서 권하는 방법도 모두 실행해 보았습니다. 하지만 안타깝게도 보통 사람들의 현실을 잘 이해하지 못하는 해법이 많아 아쉬웠습니다. '무조건 많이 해라', '많이 들어라'와 같은 말은 무책임하다는 생각도 들었습니다. 먹고사느라 바쁜 사람들이 하루 종일 영어공부만 하고 있을 수는 없으니까요.

저는 무작정 많이 공부하는 것보다 필요한 만큼 하고 그것을 최대한 활용하는 것이 훨씬 낫다고 생각하는 실용주의자입니다. 책을 고를 때도 저자의 약력만 보지 않고 본문에 나에게 필요한 내용이 얼마나 담겨 있는지를 기준으로 선택합니다. 유명한 저자가 쓴 책이라고 해서 반드시 좋은 책은 아니기 때문입니다. 나에게 도움이 되는 책이 좋은 책입니다.

직장인에게 유용한 영어책은 일상생활에서 활용 빈도가 높은 표현이 많이 수록되어 있는 책입니다. 나에게 필요한 표현만 외워도 웬만한 영어는 해결되니까요. 책을 구입하는 것으로 위안을 삼지 말고 좋은 책을 골라 유용한 문장을 익히는 데 시간을 써야 합니다. 돈으로 영어 실력을 살 수는 없습니다. 영어 고수들은 돈보다 시간과 노력을 씁니다. 제가 영어공부를 좋아하는 이유도 돈이 들지 않기 때문입니다.

저는 외국어 공부만큼 정직한 것은 없다고 생각합니다. 영어를 잘하기 위해 필요한 것은 좋은 책과 시간 그리고 노력입니다. 책을 고르는 것도 능력입니다. 남이 추천하는 책 말고 나에게 맞는 책을 직접 고르세요. 그리고 시간을 투자하세요. 남보다 앞서가는 비결입니다.

기초 영어회화 책
한 권을 외워라

영어책 베스트셀러 작가가 되고 나니 영어공부 비결을 묻는 분들이 예전보다 더 많아졌습니다. 그때 저는 이렇게 대답합니다.

"3개월 동안 기초 영어회화 책 한 권을 외우세요."

그러면 다음과 같이 말하는 분들이 있습니다.

"난 듣기가 안 되는데."
"문법이 너무 약해요."
"완전 왕초보 수준은 아닌데."

영어를 잘하는 데 무슨 거창한 방법이 있을 거라고 생각합니다. 하루에 영어문장을 6개씩 외우라고 하면 '고작 그걸로 영어를 정복할 수 있을까?' 하고 의심을 합니다. 꾸준히 노력하기보다는 한 방에 잘할 수 있는 비법을 찾습니다. 우리가 끊임없이 계획을 세우지만 실패를 반복하는 이유는 바로 그런 태도 때문입니다.

일단 한 권부터 외워라

제가 쓴 책 제목을 《영어회화 100일의 기적》이라고 지었더니 "100일만 하면 진짜 영어가 되나요?"라고 묻는 분들이 많습니다. 노력은 적게 하고 성과는 많이 얻고 싶은 바람이 담긴 질문입니다. 언어는 100일 만에 완성되지 않습니다. 장거리 마라톤을 준비하듯 100일 단위로 하나씩 작은 성공을 쌓아 가야 합니다. 제가 주로 실천했던 방법은 3개월 단위로 '영어책 한 권 끝내기' 스터디를 하는 것이었습니다. 일주일에 단 하루 만나는 모임이었지만 바쁜 직장인이 할 수 있는 최선의 노력이었습니다. 이런 식으로 1년을 공부하면 영어책 4권을, 3년을 공부하면 12권을 끝낼 수 있습니다. 10권 정도 마스터하고 나면 하고 싶은 말을 웬만큼 할 수 있게 됩니다.

혁신의 아이콘 스티브 잡스도 노력의 과정 없이 결과에만 집착했다면 위대한 업적을 이뤄 낼 수 있었을까요? 그는 "The journey is the reward.(여정 자체가 보상이다.)"라고 말했습니다. 목표를 향해 가는 과정에서 의미를 깨닫는다면 그 자체가 보상이라는 뜻입니다.

EBS 김민태 PD는 그의 책 《나는 고작 한번 해봤을 뿐이다》에서 작은 행동이 이끄는 삶의 변화에 대해 이야기합니다. 처음부터 멋진 그림을 그리려고 하다 보면 부담이 되어 시작을 못하지만, 일단 오늘 점 하나를 찍고 내일 또 하나, 그렇게 여러 개의 점을 찍어 연결하다 보면 제법 그림이 완성된다는 것입니다. 거창한 목표를 세우기보다 일단 작은 과제 하나를 실천하는 것입니다. 영어를 잘하기 위해서도 사소해 보이는 문장 하나부터 시작하는 것이 중요합니다. 하루에 몇 문장씩 외우다 보면 어느 순간 영어책 한 권을 외운 자신을 발견하게 될 것입니다. 일단 영어책 한 권을 외워 보세요. 새로운 변화가 시작됩니다.

행동하는 용기가 필요하다

기적은 언제 일어날까요? 기적을 기다리지 않고 변화를 일으키는 작은 행동을 할 때입니다. 그런데 변화가 너무 작아서 보이지 않습니다. 그래도 거기에 행동을 하나씩 더합니다. 그러면 조금씩 미세한 변화가 시작됩니다. 가만히 있으면 아무런 작은 변화도 일어나지 않습니다.

제 책을 공부하는 분들이 가끔 저에게 묻습니다.

"100일이 다 되어 가는데 아직 기적이 일어나지 않아요. 언제쯤 기적이 일어날까요?"

그러면 저는 농담조로 이렇게 대답합니다.

"믿음이 부족하기 때문에 그렇습니다."

믿음이 중요한 이유는 믿음이 불확실성을 제거해 주기 때문입니다. 확고한 믿음이 있으면 확신을 바탕으로 결과를 의심하지 않고 행동을 지속할 수 있습니다. 행동을 시작했다면 기적은 이미 그 안에서 일어나고 있습니다. 단지 너무 작아서 눈에 보이지 않을 뿐입니다. 영어책 외우기가 엄두도 나지 않던 사람이 영어문장을 외우기 시작했다면 그것이 바로 기적이 아닐까요? 책 한 권을 외우고 나면 그다음 기적을 이루기가 더 쉬워집니다. 외운 영어책이 쌓여 갈수록 영어 실력 향상이라는 기적에 조금씩 가까워집니다. 어제까지 땅 위를 걷던 사람이 갑자기 하늘을 날게 되는 그런 기적은 일어나지 않습니다. 하루에 몇 개씩 영어문장을 외우는 작은 행동이 쌓이면 영어가 달라지는 기적이 일어납니다.

자주 쓰는 문장을 외워라

영어를 잘하는 사람은 타고난 언어 천재가 아닙니다. 단지 영어 문장을 한두 개씩 외워 나가는 성실한 사람입니다.

제가 그동안 수십 권의 영어책을 외우면서 알게 된 사실이 있습니다. 자주 쓰는 표현들은 돌고 돈다는 것입니다. 우리가 매일 하는 말은 거의 일정하게 정해져 있습니다. 자주 사용하는 문장부터 숙달하면 그다음 영어공부가 쉬워집니다.

활용 빈도가 높은 영어회화 문장을 외우세요. 하루 6문장 정도는 누구나 할 수 있습니다. 따로 시간을 내서 하지 않아도 출근할 때, 산책할 때, 친구를 기다릴 때, 운동할 때 등 아무 때나 여건이 될 때 하면 됩니다. 그렇게 외운 책이 한두 권씩 쌓이다 보면 스스로 다음 목표를 정할 수 있는 능력도 생깁니다. 경험이 쌓이면 요령이 생기기 마련이니까요.

작은 목표부터 하나씩 실천하여 성공을 경험하는 것이 중요합니다. 어떤 일이든 성취감이 쌓이면 더 잘하고 싶고 새롭게 도전할 수 있는 자신감도 생깁니다. 그러면 자연스럽게 지속하는 힘도 생기게 됩니다.

작은 성공이 주는 성취감을 여러분도 경험해 보세요. 오늘 내가 할 수 있는 일에 집중할 때 원하는 결과는 천천히 다가옵니다. 현재의 영어 실력이 만족스럽지 않다면 기존의 공부법과 습관을 바꿔야 합니다. 문법이나 독해에만 매달리지 말고 그냥 회화 문장을 외우세요.

'나비 효과'라는 것이 있습니다. 나비의 작은 날갯짓이 지구 반대편에 폭풍우를 일으킬 수 있다는 이론이죠. 매일 영어문장을 몇 개씩 외우는 습관이 훗날 영어 실력에 폭풍을 일으킬 수 있습니다. 기초 영어문장을 외우세요. 우리가 매일 쓰는 말도 짧은 문장 하나에서 시작했습니다.

하루를 27시간으로 활용하는 짬짬이 공부법

저는 늘 책 한 권과 수첩을 가지고 다닙니다. 책상 위에 쌓인 읽을 도서 목록을 줄여 나가기 위한 저만의 고육지책입니다. 처음에는 가방에 넣고 들고만 다닌 날이 더 많았습니다. 하지만 가랑비에 옷 젖는다고 여건이 될 때마다 조금씩 읽었더니 이제는 제법 습관으로 자리 잡아 시간 부족에 대한 부담에서 많이 자유로워졌습니다. 제가 가장 좋아하는 자투리 시간은 버스터미널이나 기차역에서 탑승 시간이 20분 정도 남았을 때입니다. 인터넷 검색이나 모바일 게임 등으로 낭비하기 쉬운 시간을 독서를 하며 생산적으로 활용할 수 있기 때문입니다.

할 일은 많고 시간은 부족한 것이 현대인의 고충입니다. 똑같이 주어진 시간 속에 살지만 성공하는 사람과 실패하는 사람이 있습니다. 시간을 다른 방식으로 사용하기 때문입니다.

시간 관리는 성공의 핵심

성공한 사람들은 적은 시간도 엄격하게 사용합니다. 빌 게이츠는 어릴 적 책 읽을 시간이 아까워 머리 감는 것도 싫어했다고 합니다. 스티브 잡스와 마크 저커버그는 옷 고르는 시간을 절약하기 위해 늘 같은 옷을 입는 것으로 알려져 있죠. 이렇게 시간을 아껴서 효과적으로 사용하는 사람은 적은 시간으로도 큰 성과를 만들어 냅니다.

"어떤 일을 하는 데 10분의 시간도 내지 못하는 사람은 결국 그 일을 하는 데 10시간을 써도 하지 못하게 된다."

- 《타이탄의 도구들》, 팀 페리스, 토네이도

하루의 가용 시간을 늘리기 위해서는 먼저 낭비되는 시간을 줄여야 합니다. 낭비되는 시간은 우리 몸의 군살과 같이 하루 일과 중 도처에 흩어져 있습니다. 3개월이나 6개월 만에 이루고 싶은 목표가 있다면 산재해 있는 자투리 시간을 모아 덩어리로 만들어야 합니다. 저는 자투리 시간을 활용하여 독서는 물론 1년에 한 권씩 책도 쓰고 있습니다. 낭비되는 시간만 잘 관리할 수 있다면 직장을 다니면서도 충분히 가능한 일입니다.

저는 지난 몇 년간 자투리 시간으로 여러 가지 목표를 실행해 왔고, 매년 새로운 목표도 추가하고 있습니다. 흥미로운 사실은 시간은 그대로인데 목표 달성량은 계속 늘어난다는 것입니다. 제 능력이 뛰어나서가 아니라 시간을 낭비하는 습관이 줄어들었기 때문입니다.

대학 중퇴자, 노숙자, 실패한 경영인으로 미래가 불투명했던 스티브 잡스는 "다양한 경험이 미래의 성공으로 가는 길로 연결해 준다."라고 말했습니다. 작은 것이라도 남과 다른 행동 습관을 쌓으면 누구나 의미 있는 성과를 이룰 수 있습니다. 직장인이 회사에서 근무하는 시간을 제외하고 일과 중 틈틈이 사용할 수 있는 시간을 모으면 하루에 3시간 정도가 됩니다. 그 시간 중에서 한 시간이라도 과거보다 생산적으로 사용한다면 삶의 질은 분명 달라질 것입니다.

"시간이 가장 기본이다. 이것을 관리하지 않으면 다른 아무것도 관리할 수 없기 때문이다."

– 피터 드러커

※ 직장인이 사용할 수 있는 틈새 시간

① 출근 준비 : 30분

② 지하철역(버스 정류장)까지 걷기 : 15분×2(왕복) = 30분

③ 자가운전 : 30분×2(왕복) = 60분

　통근 버스/지하철 : 30분×2(왕복) = 60분

④ 점심시간 : 30분

⑤ 취침 전 : 10분

직장인의 짬짬이 공부법

① 출근 준비

라디오 영어 방송이나 팟캐스트 방송 청취는 옷을 입거나 화장을 하면서 부담 없이 할 수 있습니다. 공부하고 있는 영어책이 있다면 집을 나서기 전에 오늘 공부할 페이지를 휴대폰 카메라로 촬영해 둡니다.

② 통근 시간

버스나 지하철 안에서는 에너지 소비가 적으면서 집중하기 쉬운 활동이 좋습니다. 스마트폰으로 동영상 강의를 보거나 원어민 음성 파일을 듣습니다. 집에서 나올 때 촬영한 영어책 한 페이지의 문

장들을 읽어 보고 암송해도 좋습니다. 피곤한 날에는 눈을 감고 저자의 해설강의를 듣습니다.

③ 점심 후

식사하고 남은 시간은 회사 근처를 산책하면서 기분전환 겸 영어공부를 병행합니다. 외울 문장이 적힌 메모장을 들고 30분 정도 걷기 운동을 하면 건강과 영어공부를 동시에 챙길 수 있습니다. 산책은 창조적인 사고를 도와주는 좋은 습관입니다.

④ 기다리는 시간

최근에 연습한 원어민 음성 파일을 들으면서 공부한 내용을 떠올립니다. 너무 많이 들어서 지겨우면 입으로 소리 내서 따라 읽습니다. 주변에 사람이 없을 때는 큰 소리로 읽어 봅니다. 소리를 크게 낼수록 연습 효과는 더 커집니다.

⑤ 걷는 시간

버스 정류장이나 지하철역에서 집까지 걸어가는 시간은 입을 단련하는 시간으로 활용하면 좋습니다. 눈과 귀에 익숙해진 영어 문장을 소리 내서 읽습니다. 빠른 걸음으로 걸으면서 원어민 음성 파일을 미친 사람처럼 따라 읽습니다. '불광불급(不狂不及)'이란 말이 있습니다. 미쳐야 원하는 목표에 도달할 수 있습니다.

⑥ 운전할 때

운전할 때는 한 달 동안 연습한 음성 파일을 들으며 입으로 따라 읽습니다. 숙달되면 원어민 음성을 한 단어씩 뒤쫓아 가며 쉐도잉 훈련을 합니다. 일정한 주기로 4회 이상 복습하면 6개월 이상 지속되는 장기 기억으로 바꿀 수 있습니다.

⑦ 취침 전

자기 전에 10분 정도 오늘 공부한 내용과 내일 공부할 내용을 가볍게 읽어 봅니다. 잠들기 직전에 본 내용은 깨어났을 때 더 잘 기억되고 체계적으로 정리된다고 합니다. 또한, 편안한 마음으로 잠들기 위해 낮에 더 열심히 외울지도 모릅니다.

자투리 시간을 활용하면 시간에 쫓기는 삶을 여유롭게 만들 수 있습니다. 하고 싶은 일은 많지만 시간이 부족하다면 시간을 사용하는 방법을 바꿔 보세요. 하루 일과 중 우선순위가 가장 낮은 것을 영어공부와 바꾸는 것입니다. 성공한 사람들처럼 하루를 '24 + α'의 시간으로 살 수 있는 방법입니다.

오래가려면
주변 사람과 함께하라

아무리 좋은 방법과 자료가 있어도 본인이 실천하지 않으면 소용이 없습니다. 제가 지금까지 꾸준히 영어를 공부할 수 있었던 비결은 정기적인 스터디 모임이었습니다.

어떤 일을 꾸준히 실천하는 것은 생각만큼 쉽지 않습니다. 그래서 저도 스스로를 관리하기 위해 온라인 카페를 개설하고 오프라인 스터디를 시작했습니다. 정기적인 모임을 통해 나태해지지 않도록 강제 장치를 만든 것입니다. 주중에는 매일 한 시간씩 집에서 연습하고 주말에는 오프라인 모임에서 사람들과 함께 복습하며 부족한 부분에 대한 피드백을 했습니다.

영어 스터디 활용법

스터디가 좋은 점은 혼자 공부할 때보다 부지런해지고 복습을 꾸준히 할 수 있다는 것입니다. 정기적인 오프라인 모임이 없었다면 아마도 저는 지금 이렇게 글을 쓰고 있지 못했을 것입니다.

스터디 멤버들끼리 돌아가며 공부한 것을 설명해 보면 내가 부족한 부분을 알게 되어 약점을 보완할 수 있습니다. 또, 혼자 공부할 때보다 기억에도 오래 남습니다.

가장 좋은 방법은 스터디 리더를 하는 것입니다. 스터디를 주관하면 자연스럽게 다른 멤버들보다 더 열심히 공부하게 되기 때문입니다. 멤버들에게 설명도 해야 하고 내가 잘 알고 있어야 스터디 진행이 원활하기 때문에 자신을 관리하는 수단으로는 단연 최고입니다. 모임을 준비할 때는 약간 스트레스를 받기도 하지만, 시간이 지나 체계가 잡히면 실력을 키우는 데 한몫을 합니다. '가르치면 가장 많이 배울 수 있다'는 말이 있듯이 남에게 설명하는 것은 가장 효과적으로 배우는 방법 중 하나입니다.

영어 스터디 운영 요령

① 회원 모집

인터넷 동호회 또는 회사 동료 중에서 영어공부에 관심 있는 사람들을 구합니다. 적정 인원은 4~6명. 사람이 너무 많으면 분위기가 산만해지고 너무 적으면 공부보다 친목을 위한 모임이 되기 쉽습니다. 결석 인원 30%를 감안해서 총원을 8~10명 정도로 관리하는 것이 좋습니다.

② 모임 장소

집이나 직장에서 가까운 카페를 이용합니다. 저는 집 근처에 있는 북카페 스터디룸을 예약에서 사용했습니다. 요즘은 음료를 무료로 제공하면서 장소를 대여하는 공간이 많아 스터디 모임을 하기에는 더 좋은 환경입니다.

③ 학습 계획

기본적으로 일주일에 한 번씩 모이고, 8~12주마다 새로운 모임을 시작합니다. 2~3개월이면 영어책 한 권을 끝낼 수 있는 기간입니다. 기간이 너무 길면 마음이 느슨해지고 너무 짧으면 학습량이 많아져서 얼마 못 가서 포기하는 멤버가 생깁니다.

④ 모임 공지

온라인 카페나 스마트폰 앱 등을 활용하여 매주 스터디 범위를 공지합니다. 스터디 리더가 사전에 학습 범위를 공지하고, 멤버들이 참석 가능 여부를 댓글로 남깁니다. 리더는 참여 인원을 확인하여 스터디룸을 예약합니다.

⑤ 스터디 준비

일주일 분량의 내용을 요일별로 배분하여 소리 내서 읽습니다. 매일 같은 분량을 학습하는 것보다 빠르게 전체적으로 훑어보고 복습 횟수를 늘리는 것이 효과적입니다. 이 방식으로 연습하면 일주일에 최소 4~5회 복습할 수 있습니다. 모임 날짜가 임박하면 복습하는 속도가 빨라져 10회 정도 복습이 가능해집니다.

⑥ 스터디 참석

평소 연습한 내용을 가볍게 복습한다는 마음으로 참석합니다. 인원을 반으로 나누어 대화문을 한글 해석만 보고 영어로 연기하듯 말합니다. 사전 연습이 되어 있지 않으면 한글과 영어를 일대일로 대응하여 어색한 문장을 만들어 냅니다. 따라서 사전에 말하기 연습이 충분히 되어 있어야 합니다.

⑦ 프리토킹

초보자끼리 프리토킹을 하면 한두 번 모임으로 끝날 가능성이 높습니다. 말하기 능력과 대화 재료가 부족해서 인사말 몇 마디 나누고 나면 더 이상 할 말이 없어지기 때문입니다. 따라서 프리토킹은 6개월 정도 꾸준히 모임에 참여한 기존 회원들을 중심으로 하는 것이 좋습니다.

영어 좀 한다는 사람도 표현력이 한참 부족한 경우가 많습니다. 따라서 말하기 연습은 제쳐두고 프리토킹부터 하려고 하면 안 됩니다. 모임 시간이 한 시간이라면 80%는 연습한 것을 확인하는 시간, 20%는 프리토킹 시간으로 운영하는 것을 추천합니다.

| 생각거리 05 |

해외 어학연수와 기회비용

연봉이 5,000만 원인 직장인이 회사를 휴직하고 1년간 해외 어학연수를 떠난다고 가정하고 비용을 계산해 보면 다음과 같습니다.

해외 어학연수   약 3,000만원 소비 − 연봉 5,000만원 = −8,000만원
한국에서 독학   약 3,000만원 절약 + 연봉 5,000만원 = +8,000만원

어학연수 가서 영어를 배울 경우와 한국에서 공부할 경우를 비교하면 1년 동안 기회비용을 포함하여 1억 6천만 원이나 차이가 납니다. 해외에서 1년간 영어만 배우면서 1억 6천만 원을 쓰는 것이 과연 합리적인 소비라고 할 수 있을까요? 경제적 비용뿐 아니라 매몰된 시간적 비용까지 생각하면 막대한 손해를 감수해야 합니다.

영어권 환경이라고 해서 하루 종일 원어민과 대화할 수 있는 조건이 갖추어져 있는 것은 아닙니다. 학원 수업과 산발적인 야외 활동, 식당이나 상점에서 물건을 구입할 때 점원과 나누는 대화 몇 마디가 현지 생활의 대부분인 경우가 많습니다. 오히려 한국에서 필요한 영어를 집중적으로 연습하고 해외여행을 통해 그동안 쌓은 실력을 활용하는 것이 훨씬 가성비가 높습니다.

유학이나 어학연수는 해외에 체류하는 기간 동안 영어 실력 향상에 도움이 됩니다. 하루 종일 영어만 듣고 영어로 말해야 하기 때문입니다. 하지만 외국에 나가서 큰 비용을 들이지 않고 국내에서도 어학연수와 비슷한 효과를 낼 수 있습니다.

자신에게 필요한 원어민 음성 자료를 구해서 집중적으로 듣고 따라 말하는 연습을 하는 것입니다. 저는 오랜 기간 동안 돈 한 푼 들이지 않고 노트북을 활용하여 듣고 말하는 연습을 했습니다. 그러고도 1~2년씩 어학연수를 다녀온 사람들보다 영어를 몇 배 더 잘할 수 있었습니다. 많은 시간과 비용을 들여 해외에 체류하는 것보다 자신의 일을 하면서 어학연수의 효과를 얻을 수 있다면 기회비용 측면에서 훨씬 더 낫습니다. 현재의 상황에 맞게 영어공부 환경을 설정하고 꾸준히 실천할 수 있다면 단기간 해외에 체류하는 것보다 더 나은 성과를 얻을 수 있습니다.

'이 세상에 영원한 것은 아무것도 없다'는 말이 있습니다. 영어도 계속 연습해야 실력을 유지할 수 있습니다. 어학연수로 만든 실력은 금방 원래대로 돌아갑니다. 저는 한국에서 배우는 셀프 어학연수를 추천합니다. 하루에 1시간이라도 영어만 듣고 영어로 말하는 연습을 하세요. 공짜로 하는 어학연수와 다름없습니다.

Don't aim for success if you want it.
just do what you love and believe in,
and it will come naturally.
_David Frost

성공을 원하면 성공을 목표로 두지 마라.
당신이 좋아하고 뜻을 두는 일을 하면
성공은 자연적으로 올 것이다.

06

고수들의 영어공부 꿀팁

어학연수, 똑똑하게 한국에서 하자

　대학 졸업 후 몇 개월간 어학연수를 다녀온 적이 있습니다. 그래도 주변에서 누가 어학연수를 간다고 하면 되도록 한국에서 공부하라고 말립니다. 어학연수가 영어 실력에는 별 도움이 안 되었기 때문입니다. 하지만 잠시나마 해외에 체류한 경험은 영어공부 방향을 설정하는 데 큰 도움이 되었습니다. 한국에서도 영어를 잘할 수 있다는 믿음을 갖게 해 주었기 때문입니다. 그때의 해외 체류 경험이 없었다면 환경을 탓하며 진작에 영어공부를 그만두었을지도 모릅니다.

해외 어학연수의 허상

한국에서 영어를 배울 때는 해외 어학연수에 대한 막연한 동경이 있습니다. 매일 원어민을 만나 대화할 수 있고 어학연수만 다녀오면 영어 실력이 늘 거라고 기대합니다. 하지만 단순히 언어를 배우기 위해 떠나는 어학연수는 실패할 확률이 높습니다.

현지 영어학원의 수업은 국내 학원과 크게 다르지 않습니다. 원어민 강사는 단 한 명이고 대화는 주로 옆자리에 있는 학생들과 하게 됩니다. 일 대 다수의 환경이기 때문에 원어민 강사가 설명하는 시간이 많고 직접 말할 수 있는 기회는 적습니다. 수업이 끝나면 주로 한국 학생들과 어울려 시간을 보내거나 집에 와서 한국 영화나 드라마를 보는 경우도 많습니다. 그것이 머나먼 이국땅에서 어학연수를 하고 있는 사람들의 일반적인 모습입니다.

물론 모두가 그런 것은 아닙니다. 한국에서 준비를 많이 하고 온 사람도 있습니다. 저도 어학연수를 떠나기 전에 한국에서 1년 넘게 매일 10시간씩 영어공부를 했습니다. 그러나 현지 생활을 통해 느낀 것은 '안에서 새는 바가지 밖에서도 샌다'는 교훈이었습니다. 그나마 저는 준비를 많이 해서 의사소통하는 데 큰 어려움이 없었지만, 그렇지 않은 사람에게는 고립된 섬에 사는 것과 다르지 않았습니다. 언어도 통하지 않는 곳에서 투명인간처럼 사는 기분은 그다지 유쾌하지 않습니다. 경제활동도 하지 않은 채 많은 돈과 시간을 소비했지만, 그만큼 영어 실력이 빨리 늘 것 같지는 않았습니다. 그래서 저는 한국에서 공부하기로 결심하고 서둘러 귀국했습니다.

스티브 잡스는 6개월 만에 대학을 중퇴한 것이 자기 인생에서 최고의 선택이었다고 말했습니다. 저는 4개월 만에 어학연수를 그만두고 귀국한 것이 제 인생에서 가장 잘한 일 중 하나라고 생각합니다. 이국땅에서 영어 못하는 바보가 될 뻔했던 제가 앞으로 영어를 어떻게 공부해야 할지 큰 깨달음을 주었으니까요.

어학연수, 한국에서 하자

직접 어학연수를 경험하고 나니 어학연수를 다녀왔다는 사람들의 이야기가 예전과는 다르게 다가왔습니다. 어학연수를 다녀온 사람들은 대부분 '연수를 가기 전에 비해 실력이 별로 나아지지 않았다'고 말합니다. 저는 그 이유를 금방 이해할 수 있었습니다. 언어란 단순히 몇 개월간 그 환경에 노출시킨다고 해서 습득되는 것이 아니기 때문입니다. 어학연수를 통해 체득한 영어는 한국에서 영어회화 책 한 권을 달달 외우면 되는 정도의 수준입니다. 실제로 현지 영어학원에 다니면서 기본적인 생존 영어를 실습하고 돌아오는 경우가 다반사입니다. 그런 수준의 영어를 위해 많은 시간과 비용을 들여서 어학연수를 가야 하는지 진지하게 고민해 볼 필요가 있습니다. 직장인의 경우 휴직이나 퇴사를 하고 어학연수를 떠나기도 합니다. 캐나다나 호주와 같은 영어권 국가에서는 학원비와 홈스테이 비용으로 매월 고정적으로 200만 원 정도가 듭니다. 직장에서 받는 월급이 300만 원이라고 가정하면 영어공부를 위해 매월 500만 원의 비용을 지불하는 셈입니다. 오직 영어 하나만을 위한 투자라면 '이보다 고비용, 저효율의 투자가 세상에 또 어디에 있을까?'라는 생각이 듭니다.

어학연수 기간 동안 영어를 완성할 계획이 아니라면 영어공부는 한국에서 하는 것이 더 현명합니다. 돈도 많이 들지 않고 평생 할 수 있을 만큼 시간도 넉넉하게 주어지니까요. 자신의 일을 하면서 영어공부를 병행하는 것이 경제적으로도 시간적인 면에서도 이득입니다. 어학연수보다는, 영어공부는 한국에서 하고 해외여행을 많이 하세요. 해외에는 영어를 사용하러 가야 더 즐겁습니다.

※ 한국형 어학연수를 위한 환경 설정

① 틈새 시간을 활용한다

하루 공부할 분량을 들고 출근한다. 휴대폰으로 공부할 페이지를 촬영하거나 수첩에 오늘 외울 문장을 메모한다. 통근 시간 대중교통 안에서 또는 식당이나 약속 장소에서 사람을 기다리는 자투리 시간에 영어문장을 외운다.

② 데드라인을 정한다

하루에 연습할 분량과 데드라인을 정한다. 마감 시간을 정해 놓으면 집중력을 높이는 효과가 있어 시간 활용을 극대화할 수 있다. 마감 기한이 없으면 긴장감과 집중도가 떨어져 뒤로 미루게 된다.

③ 눈에 보이게 한다

PC를 켜자마자 바탕화면에 영어 자료가 눈에 보이도록 배치하고 헤드셋을 연결해 놓는다. 인터넷 검색을 하기 전에 오늘 해야 할 영어부터 끝낸다. Out of sight, out of mind. 라는 말이 있다. 무엇이든 눈에 보이지 않으면 관리하기 어려워진다.

④ 스마트폰 관리

한국인은 스마트폰을 하루 평균 3시간 정도 사용한다고 한다. 하루 30분 스마트폰 보는 시간을 영어문장 외우는 데 사용한다. 영어에 집중할 때는 휴대폰을 잠시 비행기 모드로 설정해 둔다. 사소한 습관 하나로 영어 실력을 바꿀 수 있다.

⑤ 남에게 설명한다

영어 소모임에 적극적으로 참여한다. 누구에게 설명하거나 가르칠 때 가장 빨리 배울 수 있다. 실력이 비슷하면 내가 공부를 더 많이 해서 알려 준다. 능동적으로 참여하면 학습한 내용의 90%까지 기억할 수 있다는 연구 결과도 있다.

⑥ 유튜브를 활용한다

자신의 취향에 맞는 유튜브 채널을 구독하고 자투리 시간에 감상한다. 다른 채널을 볼 때 영어 채널도 함께 보는 습관을 들인다. 스마트폰의 유혹을 피할 수 없다면 적극 활용하여 영어공부에 보탬이 되도록 한다.

⑦ 취미와 연결한다

책 읽기를 좋아한다면 영어 원서를 읽는다. 드라마를 좋아한다면 미드를 감상하며 영어를 공부한다. 음악 감상이 취미라면 팝송을 들으며 영어를 배울 수 있고, 운동을 좋아한다면 영어 자료를 들으며 러닝머신 위에서 뛰는 것도 좋다.

⑧ 메모 습관을 들인다

메모를 하다 보면 생각이 정리된다. 생각이 정리되면 질문을 하게 되고, 질문하는 습관은 해답을 찾는 능력을 길러 준다. 공부한 표현을 메모하는 습관은 멀어지는 기억을 되살려 주고 문장을 만드는 응용 능력도 키워 준다.

미국 드라마로
영어회화 공부하는 법

　영어공부를 하다 보면 '미국 드라마를 자막 없이 보고 싶다'는 생각을 하게 됩니다. 미드는 재미있지만 초보자가 공부하기에는 쉽지 않습니다. 때문에 초보자에게는 미드로 영어공부 하는 것을 추천하고 싶지 않습니다. 미드에서는 쉽고 간단한 문장도 잘 들리지 않는 경우가 많습니다. 우리말에 없는 강세, 축약, 리듬과 같은 여러 가지 발음 현상이 집약되어 있기 때문입니다. 외국어 공부는 자신의 수준에 맞는 자료를 기반으로 난이도를 조금씩 높여 가는 것이 좋습니다. '안 들리는 것을 계속 들으면 언젠가 들린다'고 말하는 사람도 있습니다. 하지만 그 말은 근거 없는 주장이며 효율 면에서도 현명한 방법이 아닙니다. 한 번 안 들리면 끝까지 들리지 않습니다.

듣기를 통해 정보를 습득하는 방법은 '집중해서 듣기(intensive listening)'와 '흘려듣기(extensive listening)'가 있습니다. '집중해서 듣기'는 짧은 문장을 반복해서 듣는 것으로, 초보자가 청취 능력을 기르기 위해 주로 쓰는 방법입니다. 전체적인 내용의 이해보다는 문장의 의미를 정확하게 파악하는 데 좋습니다. 반면, '흘려듣기'는 주의를 기울이지 않고 듣는 것으로, TV 시청이나 라디오 청취가 대표적인 흘려듣기에 해당됩니다. 우리가 다른 일을 하면서 뉴스를 듣는 것처럼 해당 언어에 대한 청취 실력이 상당한 사람들에게 적합한 방법입니다. 미드 감상도 흘려듣기가 가능한 중급 이상의 영어 수준이 되어야 제대로 할 수 있습니다.

미드 영어공부의 장단점

미드를 활용한 영어공부는 어렵다는 점 빼고는 장점이 많습니다. 현지인들의 일상을 소재로 제작되므로 생생한 표현을 익힐 수 있어 회화 능력을 키울 수 있는 훌륭한 자료입니다. 재미를 느낄수록 몰입할 수 있어서 미드를 좋아하는 사람은 잘 활용하면 큰 도움을 얻을 수 있습니다.

구분	미드 영어공부의 장단점
장점	① 실생활에 유용한 표현을 배울 수 있다. ② 현지 억양과 발음을 습득할 수 있다. ③ 재미와 실력을 동시에 얻을 수 있다.
단점	① 영어 초보자에게는 너무 어렵다. ② 자신의 목표 수준과 다를 수 있다. ③ 실력 향상보다는 취미가 되기 쉽다.

미드 영어공부 주의사항

첫째, 일상생활에서 흔히 접할 수 있는 소재로 제작된 로맨틱 코미디나 가족 영화 같은 장르가 좋습니다. 실생활에서 자주 쓰는 표현부터 익혀야 활용도가 높고 실용적이기 때문입니다.

둘째, 반드시 스크립트를 구할 수 있는 자료여야 합니다. 스크립트 없이 보기만 하면 즐기는 것일 뿐 영어 실력 향상으로는 연결되지 않습니다. 스크립트를 확인해서 잘못 알고 있는 발음을 교정하고 확인하는 연습을 해야 합니다.

셋째, 자신만의 루틴(routine)을 만들어야 합니다. 박태환 선수는 수영 경기를 하기 전에 헤드폰으로 음악을 듣습니다. 최상의 플레이를 하기 위해 컨디션을 유지하는 자신만의 루틴입니다. 영어공부를 할 때도 일정한 행동 패턴을 유지하는 것이 중요합니다. 잘못하면 영어공부라는 목적을 잃고 재미에만 빠질 수 있기 때문입니다. 노트에 날짜별로 공부한 내용을 기록하며 관리하는 것이 좋습니다. 내용 감상, 표현 정리, 말하기 연습 시간 등을 기록하면서 진행하면 방향을 잃지 않고 꾸준히 할 수 있습니다.

    마지막으로, 영화나 미드만으로 영어공부를 하는 것은 지양해야 합니다. 자신의 수준에 맞는 교재를 기본으로 하고 미드는 보조 수단으로 활용하는 것이 좋습니다. 음식도 영양소를 골고루 섭취해야 건강에 도움이 되듯 영어도 편식하면 기초 실력이 부족해 균형을 잃을 수 있습니다.

    어떤 일을 꾸준히 하기란 쉽지 않습니다. 지난한 과정을 견뎌야 하기 때문입니다. 그런 어려움을 이겨 낼 수 있는 방법이 바로 재미입니다. 자신이 좋아하는 것을 할 때는 시간 가는 줄 모르니까요. 영어공부가 힘들 때 미드를 감상하고, 미드 영어공부가 힘들 때 쉬운 영어회화 표현을 외워 보세요. 영어공부를 재미있게 지속할 수 있는 방법입니다. 길이 가파르면 완만한 길로 쉬어가는 요령도 필요합니다. 끝까지 손에서 놓지 않는 것이 중요하니까요.

※ 미드를 활용한 영어공부 요령

① 영상과 우리말 자막을 보면서 미드 내용을 충분히 이해한다.

② 우리말과 영어 자막을 보면서 좋은 표현과 위치를 메모한다.

③ 메모한 표현이 나오는 구간을 찾아 음성을 녹음한다.

④ 녹음 파일의 제목을 배우가 말한 영어문장으로 바꿔 저장한다.

⑤ 녹음 파일을 반복 재생하며 성대모사 하듯 따라 읽는다.

⑥ 에피소드는 회당 20분, 연습은 최대 20문장 이내로 제한한다.

⑦ 동영상을 음성 파일로 변환하여 수시로 듣는다.

영어 실력의 완성,
영어 원서 읽기

인간이 태어나서 6세 정도가 되면 듣고 말하기가 원활해집니다. 그때부터 인지능력을 키우기 위해 가장 오랫동안 하는 활동이 읽기입니다. 성인이 된 이후에도 평생 하는 것이 독서이기 때문입니다. 영어도 읽기를 통한 인풋(input)이 지속적으로 이루어져야 실력을 높일 수 있습니다.

빌 게이츠는 "당신에게 초능력이 있다면 무엇을 갖고 싶은가?"라는 질문에 '책을 빨리 읽는 능력'이라고 대답했다고 합니다. 책을 빨리 읽을 수 있는 능력은 그만큼 중요합니다. 글을 많이 읽으면 문장 이해력이 좋아져 읽는 속도를 높일 수 있습니다. 읽는 속도가 빠르면 시험에서 문제를 빨리 풀 수 있을 뿐 아니라 듣기나 말하기를 할 때도 도움이 됩니다. 토익 800점과 950점의 차이는 뭘까요? 언어를 이해하는 속도의 차이입니다.

쉬운 책을 읽어야 한다

우리는 한국어 문장 구조를 완벽히 숙달했기 때문에 한글로 된 글을 읽으며 바로 이해할 수 있습니다. 영어로 된 글을 많이 읽으면 영어의 어순에 익숙해지고 문장 구조가 숙달되면 내용은 자연스럽게 이해가 됩니다.

어떤 책을 읽어야 할까요? 무조건 재미있어야 합니다. 재미가 없으면 오랫동안 지속하기 어렵습니다. 영어를 싫어하는 사람이 많은 것도 재미없는 공부를 억지로 했기 때문입니다. 외국어를 배우는 것은 쉽지 않습니다. 재미라는 동기라도 있어야 버틸 수 있는 힘이 생깁니다.

그러면 어떤 책으로 시작하면 좋을까요? 내용을 잘 알고 있는 책이어야 합니다. 영어회화에도 도움이 되도록 길지 않은 대화체 문장이 많은 영어동화 같은 것이 좋습니다. '해리포터 시리즈'처럼 유명한 책이라고 해서 무조건 좋은 것은 아닙니다. 일반적으로 사용하지 않는 어휘나 표현이 많이 들어 있기 때문입니다.

쉬운 책을 많이 읽어야 실질적인 도움이 됩니다. 원어민이 자주 사용하는 간단한 표현 1,000개만 자유자재로 구사할 수 있어도 영어 잘한다는 소리를 들을 수 있습니다. 쉬운 문장으로 하고 싶은 말을 다 할 수 있으면 소기의 목적을 달성한 것 아닐까요? 다른 사람의 시선이나 자존심 때문에 수준에 맞지 않는 책을 선택하면 완독하기 어렵습니다. 쉬운 영어책을 많이 읽어야 합니다.

어떻게 읽는 게 좋을까

　직독직해가 되기 위해서는 우리말로 번역하지 않고 읽어야 합니다. 우리말로 바꿔서 이해하는 습관을 고치려면 쉽고 이해가 잘 되는 문장을 많이 보는 것이 좋습니다.

　처음에는 100쪽 내외의 얇은 책을 선택해서 여러 권 읽고 조금씩 두께가 있는 책으로 넘어가는 것이 좋습니다. 쉽고 얇은 책을 한 권씩 끝내면서 성취감을 느끼는 것이 중요합니다. 작은 성취감이 축적되면 무슨 일이든 끝까지 해내는 습관을 기를 수 있습니다.

　우선 어린이용 책 10권을 최소 3번씩 읽는 것을 추천합니다. 한 권을 읽고 나서 새로운 책으로 넘어가고 싶은 유혹을 물리쳐야 합니다. 반복해서 읽으면 처음 읽을 때 파악하지 못했던 문장 구조가 점차 보이기 시작하고 다른 책을 읽을 때 속도가 조금씩 빨라지는 것을 느낄 수 있습니다. 우리 뇌는 반복을 싫어하고 새로운 자극을 좋아합니다. 영어를 잘하기 위해서는 뇌가 싫어하는 행동을 반복해야 합니다. 반복을 통한 강화 훈련이 언어 정복의 핵심입니다. 어떤 언어든 정보를 획득하는 가장 효율적인 수단은 책 읽기입니다. 책 읽기는 인생에서 가장 중요한 습관 중 하나입니다.

"영어를 배우는 데 다독은 최상의 방법이 아니라 유일한 방법이다."

- 스티븐 크라센

영어 원서를 읽는 요령

① 쉬운 영어책을 많이 읽으세요

아이들은 어른들보다 언어를 빨리 배웁니다. 그 비결은 쉬운 문장으로 된 그림책을 많이 읽기 때문입니다. 쉬운 책을 골라 읽어야 합니다.

② 내용을 유추하면서 읽으세요

우리는 한글로 된 글을 읽으면서 모르는 단어가 나올 때마다 사전을 찾지 않습니다. 읽다가 모르는 어휘를 만나면 표시만 해 두고 나중에 찾아봐도 늦지 않습니다. 문맥부터 파악하는 것이 핵심입니다.

③ 본인의 흥미를 고려하세요

모든 일은 흥미가 없으면 몰입하기 어렵습니다. 다른 사람이 추천한 책보다 자신이 즐겁게 읽을 수 있는 책을 골라야 합니다. 자신의 취향에 맞는 책이 최고의 교재입니다.

④ 내용을 미리 알고 읽으세요

문장 구조가 보이면 내용은 저절로 이해됩니다. 따라서 굳이 내용을 알기 위해 애쓰지 않아도 됩니다. 우리말로 이해한 다음 영어로 읽으세요. 그러면 뇌가 영어의 문장 구조에 집중합니다.

⑤ 상황을 이미지로 떠올리세요

우리말로 번역하지 않고 상황을 이미지로 떠올리면 원어민 속도를 따라갈 수 있습니다. 우리말로 번역하는 습관을 버리지 않으면 영어를 잘하기 어렵습니다.

⑥ 하루 분량을 세 번씩 읽으세요

우리 뇌에는 뉴런이라는 신경 세포와 시냅스라는 신경 전달 물질이 있습니다. 반복은 정보를 전달하는 신경 회로를 강화시키고 뇌의 정보처리 속도를 증가시켜 이해 속도를 빠르게 해 줍니다.

⑦ 소리를 내지 않고 눈으로 읽으세요

이해 가능한 내용일 경우 눈으로 읽는 속도는 말하는 속도보다 4배 이상 빠릅니다. 읽는 속도를 높이려면 입으로 소리 내지 않고 눈으로만 읽는 습관을 들이는 것이 좋습니다.

⑧ 의미 단위별로 읽으세요

의미 단위는 원어민이 영어를 이해하는 단위입니다. 한 문장을 여러 개의 덩어리로 나눠서 읽을 수 있어야 영어를 빠르게 이해할 수 있습니다.

⑨ 완벽보다 발전을 즐기세요

한 번에 이해하기 어려운 문장을 만나면 다음 문장으로 넘어가는 센스도 필요합니다. 완벽주의는 언어의 숙달을 방해합니다. 완벽한 이해보다 전체적인 의미 파악을 목표로 합니다.

⑩ 하루 20분씩 매일 실천하세요

세상의 위대한 결과물들은 대부분 사소한 행위의 꾸준한 실천으로 이루어졌습니다. 위 내용을 매일 20분씩 실천하세요. 영어뿐 아니라 여러분의 인생에도 큰 변화를 가져다줄 것입니다.

하루 3문장,
영어 메모를 하자

　배운 내용을 효과적으로 복습하는 방법은 회상하는 연습입니다. 배운 내용을 머리에서 꺼내는 노력을 할 때 기억에 더 오래 남는다고 합니다. 암송, 요약, 발표, 시험, 가르치기 등이 뇌에서 꺼내기와 관련된 활동입니다.

　영어일기도 배운 내용을 상기하는 용도로 활용하면 효과를 높일 수 있습니다. 일기라고 해서 꼭 하루 일과를 적는 것이 아닙니다. 머릿속에 생각나는 내용을 영어로 메모하는 것입니다. 보통 사람들은 글쓰기에 대한 막연한 두려움이 있습니다. 문법에 맞게 또는 논리적으로 쓸 자신이 없기 때문입니다. 하지만 무엇이든 일단 쓰는 행위가 중요합니다. 논리적이지 않아도 괜찮고 형식을 갖출 필요도 없습니다. 단지 내가 배운 문장을 써 보는 연습이기 때문입니다. 뭐라도 아는 것을 쓰는 습관은 영어 실력에 도움이 됩니다. 언어를 익힐 때 가장 좋은 것은 인풋과 아웃풋을 동시에 하는 것이기 때문입니다.

어색한 영작이 되는 이유

① 우리말과 영어를 일대일로 대응한다

영어와 우리말을 일대일로 대응하는 것은 좋지 않습니다. 같은 의미라도 우리말과 영어는 표현하는 방식이 다르기 때문입니다. 우리말 의미에 해당하는 영어식 표현으로 적어야 합니다.

한국어	영어
백짓장도 맞들면 낫다.	Two heads are better than one.
전 뭐든 잘 먹어요.	I'm not picky about food.
겉모습만 보고 판단해서는 안 돼요.	You can't judge a book by its cover.

▶ 한국어와 영어의 표현 방식 비교

② 모르는 표현을 만들어서 적는다

없는 표현을 만들지 말고 배워서 알고 있는 표현을 활용해 적어야 합니다. 눈으로 봤거나 들어 보지 못한 표현으로 문장을 만들면 실제로 쓰이지 않는 어색한 글이 됩니다.

③ 알고 있는 내용이 부족하다

숙달된 표현이 많아야 쉽고 편하게 적을 수 있습니다. 따라서 유용하고 다양한 문장을 계속 접하면서 연습해야 합니다. 영어회화 책이나 쉬운 영어 소설을 지속적으로 읽는 것이 좋습니다.

복습 노트로 활용하기

우리는 보통 책을 읽고 며칠 지나면 내용을 거의 기억하지 못합니다. 수동적인 태도로 읽기 때문입니다. 저자가 하는 말을 이해만 하는 '수동적 책 읽기'입니다. 하지만 관점을 바꿔서 읽으면 다른 결과를 얻을 수 있습니다. 이해만 하는 것이 아닌 주제 파악이나 글쓰기를 위한 목적을 갖고 읽는 '생산적 책 읽기'입니다. 책을 읽을 때 중요한 표현을 발췌하면서 읽는 것입니다. 그러면 나중에 그 책에 어떤 내용이 나왔는지 쉽게 기억해 낼 수가 있습니다. 일기에 메모할 표현을 찾는 마음으로 영어책을 읽으면 독서 효과를 몇 배 더 높일 수 있습니다.

'나에게 유용한 표현이 언제쯤 나올까?' 관찰하며 읽어 보세요. 지루한 영어공부가 즐거운 독서 활동으로 바뀔 수 있습니다. 자신의 일기장에 좋은 영어 표현을 수집하세요. 오늘 공부한 표현도 좋고 책을 읽다가 발견한 마음에 드는 명언도 좋습니다. 그러면 '나만의 복습 노트'가 만들어집니다.

매일 3문장씩 쓰자

글쓰기는 일반적으로 언어 습득의 마지막 단계에 해당합니다. 모국어에서도 가장 어려운 영역이 글쓰기입니다. 하지만 우리가 쓰는 글은 주제를 정하고 쓰는 논리적인 글이 아니므로 부담을 가질 필요가 없습니다.

특별한 일이 있었다면 그것에 대해 쓰고, 그동안 배운 내용을 복습하는 용도로 활용하면 좋습니다. 원어민의 교정을 받을 필요도 없습니다. 오히려 스스로 시행착오를 통해 배우는 것이 더 바람직합니다. 언어는 자주 실수하고 스스로 교정하면서 익히는 것이기 때문입니다. 5살짜리 꼬마가 어설프게 말할 때 "넌 문법이 틀렸구나."라고 지적하지 않아도 시간이 지나면 제대로 말할 수 있게 됩니다. 영어도 많이 쓰다 보면 자연스럽게 구사할 수 있게 됩니다. 따라서 조급할 필요가 없습니다. 어떤 계획이 실천되기 위해서는 부담이 적어야 합니다. 부담을 줄이는 방법은 뭐든지 매일 조금씩 쓰는 것입니다.

※ 하루 3문장씩 쓰는 요령

① 자신에 대한 이야기를 쓴다.

　　⇨ 말하기 재료가 늘어난다.

② 최근에 배운 표현으로 쓴다.

　　⇨ 배운 내용을 복습할 수 있다.

③ 궁금한 것은 책을 찾아본다.

　　⇨ 표현력을 보충할 수 있다.

중급 이상으로 실력을 높이는 법

영어학원 수업과 시중의 영어책은 대부분 초보 수준에 집중되어 있습니다. 그만큼 초보 단계에서 공부를 시작하는 사람이 많기 때문입니다. 초보 수준의 공부법을 계속 유지하면 언젠가는 높은 수준에 도달할 수 있을까요? 영어 실력의 질적인 수준을 높이기 위해서는 방법도 달라져야 하고 시간도 더 많이 투자해야 합니다. 토익 500점대의 학생이 3개월 공부해서 800점을 받았다고 하더라도 같은 방법으로는 6개월을 공부해도 900점을 받기 어렵습니다. 500점을 800점으로 올리는 데 사용한 방법은 고득점을 받는 데 별 효과가 없기 때문입니다. 그때부터 필요한 것은 속성법이 아니라 정공법입니다.

성적이 최상위권인 학생들은 주로 혼자서 공부합니다. 독학 능력이 뛰어나서가 아니라 배운 것을 숙달시키는 데 더 많은 시간을 쓰기 위해서입니다. 따라서 일정 기간이 지나 중급 이상의 수준이 되기 위해서는 혼자서 실력을 키워야 합니다. 혼자 하는 습관이 익숙해지면 학원에 다닐 때보다 시간을 효율적으로 사용할 수 있고 질적으로도 다른 실력을 만들 수 있습니다.

초보와 고수의 차이

초보와 고수의 차이는 무엇일까요?

가장 큰 차이는 수동적으로 배우느냐, 능동적으로 배우느냐일 것입니다. 영어를 오랫동안 배웠어도 원하는 실력을 얻지 못한 이유는 그동안 수동적인 방법, 즉 인풋(input) 중심으로 배웠기 때문입니다. 강의 듣기, 동영상 강의 보기, 음성 자료 듣기와 같이 스스로 노력하기보다는 남이 떠먹여 주는 방식에 길들여져 있기 때문입니다. 이렇게 인풋 방식으로만 영어를 익히면 스스로 할 수 있는 능력이 생기지 않습니다. 무엇이든 직접 해 봐야 본인의 실력이 되고 잘할 수 있습니다. 영어로 말을 하려면 말하는 연습, 글을 쓰려면 글 쓰는 연습을 해야 합니다. 그런데 왜 그동안 잘할 수 있는 방법을 놔두고 성과가 없는 방법을 고수했을까요? 쉽고 편하기 때문입니다. 우리의 뇌는 끊임없이 게으름을 피우라고 명령하고 에너지를 쓰는 일을 피하려고 합니다. 고수가 되는 길은 게으른 뇌와 싸워서 승리를 쟁취하는 과정입니다.

영어를 배울 때도 그날 공부한 문장을 종이에 적어 보거나 듣기 자료를 입으로 따라 해 보는 행동 중심의 노력이 중요합니다. 동영상 강의도 눈으로만 보고 끝내지 말고 입을 사용해 연습하는 방식으로 바꿔야 합니다.

초보와 고수의 차이는 별게 아닙니다. 머리를 사용하는 인풋 중심이냐, 몸을 사용하는 아웃풋 중심이냐에 있습니다. 머리가 아닌 몸을 사용하는 아웃풋 방식으로 방법을 바꿔야 초보 수준에서 벗어날 수 있습니다. 망설임을 줄이고 행동하는 습관을 만든다면 인생은 물론 영어에도 엄청난 변화가 일어날 것입니다.

쉐도잉 연습을 해라

쉐도잉(shadowing)이란 그림자가 물체를 따라가듯 영어의 소리를 따라가면서 말하는 것입니다. 대부분 어렵다고 쉽게 포기하기 때문에 초보자에게는 잘 추천하지 않는 방법입니다. 그러나 쉐도잉은 초급 수준을 넘어 중급 이상의 수준으로 가는 가장 확실한 방법입니다. 자신의 목표가 간단한 의사소통이 아닌 뉴스나 영화를 자막 없이 이해할 수 있는 수준이 되는 것이라면 반드시 거쳐야 하는 과정이기도 합니다. 동시통역사들은 하루 일과를 시작하기 전에 워밍업으로 쉐도잉 훈련을 한다고 합니다. 영어와 관련된 직업을 가지고 있는 사람들도 실력이 녹슬지 않도록 활용하는 방법인 만큼 요령을 터득하면 실력을 향상시키는 데 큰 도움이 됩니다.

쉐도잉 훈련을 할 때 가장 중요한 것은 스크립트가 있고, 귀와 입으로 충분히 연습된 음성 자료로 하는 것입니다. 한 문장씩 스크립트를 보고 원어민의 소리를 능숙하게 따라 읽을 수 있는 정도가 되면 음성 파일을 반복해서 듣다가 쉐도잉 단계로 넘어갑니다.

쉐도잉 훈련은 소리를 듣고 단어를 인지하는 '소리 감각', 영어의 어순에 적응하는 '어순 감각', 원어민의 속도를 따라가는 '속도 감각', 구강 근육을 단련하는 '말하기 감각'을 동시에 기를 수 있는 매우 강력한 방법입니다. 시간이 날 때마다 이미 연습한 자료로 쉐도잉 훈련을 하면 나중에 새로운 영어문장을 들었을 때 바로 이해할 수 있는 것은 물론 원어민 속도로 따라 말할 수 있게 됩니다. 문장을 쉐도잉할 수 있는 실력을 갖추면 영화를 보고 나서 기억나는 주인공의 대사를 그대로 재현할 수도 있습니다.

제가 처음 1분짜리 영어 뉴스로 쉐도잉 훈련을 했을 때 '한 문장씩 따라 읽기'에서 '본문 전체 쉐도잉'까지 3시간 넘게 걸렸지만, 약 6개월 뒤에는 15~20분 정도까지 단축되었습니다. 지금은 15분 정도면 1분짜리 뉴스를 자막을 보지 않고 쉐도잉할 수 있습니다. 꾸준히 연습하면 누구나 같은 경험을 할 수 있습니다. 벽에 누적 시간표를 붙여 놓고 매일 체크하며 훈련해 보세요. 저는 일주일 5시간, 한 달에 최소 20시간을 채우려고 노력했습니다.

IT 기술을 활용하라

제가 영어공부를 시작했던 시절에는 일명 '찍찍이'라고 하는 어학 전용 카세트가 있었습니다. 받아쓰기를 하기 위해 엄지손가락으로 되감기 버튼을 누를 때 찍찍 소리가 나서 붙여진 이름입니다. 항간에는 '찍찍이를 서너 개는 망가뜨려야 귀가 뚫린다'는 말이 유행하기도 했습니다. 그만큼 영어 실력을 향상시키는 것은 지난한 과정이라는 것을 단적으로 말해 줍니다.

요즘은 IT 기술의 발전으로 PC나 스마트폰을 사용하지 않고 할 수 있는 일이 거의 없을 정도가 되었습니다. 10년 전에 큰맘 먹고 영어공부 전용 노트북을 구입한 것이 제 영어 실력에도 큰 변화를 가져왔습니다. 몇 해 전까지만 해도 외국어 학습은 텍스트나 음성 자료가 전부였는데, 지금은 동영상 자료가 큰 비중을 차지하고 있습니다. 동영상 자료 덕분에 예전에는 현지에 체류해야 경험할 수 있었던 다양한 상황을 시공간의 제약 없이 접할 수 있습니다. 내가 원하는 시간과 장소에서 빌 게이츠와 스티브 잡스의 모습과 음성을 접할 수 있게 된 것입니다.

잘 못 들었어도 클릭 몇 번만으로 무한 반복해서 들을 수 있습니다. 돈도 들지 않습니다. 스마트폰 앱이나 PC를 활용하면 동영상이나 음성 파일을 얼마든지 반복해서 보고 들으면서 연습할 수 있기 때문입니다. 시대의 흐름에 맞게 영어공부에도 IT 기술을 활용하면 효율을 높일 수 있습니다.

저는 7년째 주말부부 생활을 하며 직장을 다니고 있습니다. 그래서 평일에 지내는 숙소에는 영어공부를 위해 구입한 저렴한 중고 노트북 하나가 있습니다. 그걸로도 자료 수집, 유튜브 강의, 팟캐스트 제작, 쉐도잉 연습 등 필요한 것은 뭐든지 할 수 있습니다. 저에게 영어공부를 위해 필요한 것 세 가지를 꼽으라면 '좋은 책, 저렴한 PC, 시간을 들이는 노력'이라고 말하고 싶습니다. 영어를 잘하기 위해 많은 돈은 필요하지 않습니다. 영어 실력은 돈이 아니라 노력으로 얻을 수 있기 때문입니다.

생각거리 06
영어를 잘하기 위한 17가지 원칙

1. 기초 영어를 숙달하라

원어민은 어려운 영어보다 쉬운 영어를 자주 쓴다. 우리가 매일 하는 말도 대부분 쉬운 표현이다. 쉬운 영어를 잘해야 영어 실력이 좋아진다.

2. 책 한 권을 외워라

자주 쓰이는 문장이 많은 영어회화 책 한 권을 외워라. 3개월에 한 권씩 끝내면 1년이면 4권을 끝낼 수 있다. 한 권씩 마스터하는 재미가 쏠쏠하다.

3. 대화 상황을 외워라

표현을 모아 놓은 책보다 대화문이 수록된 영어책을 선택한다. 대화 상황을 이해하고 있으면 관련된 영어 문장을 연상하기가 더 쉽다.

4. 하루 10문장씩 외워라

많이 외우고 금방 잊어먹는 것보다 적은 분량이라도 완전히 내 것으로 만드는 것이 더 낫다. 하루에 6~10문장씩 외우다 보면 시간이 갈수록 습득 속도가 조금씩 빨라진다.

5. 입으로 암송하라

시간이 날 때마다 문장을 암송한다. 혼자 있을 때는 큰 소리로 외운다. 이것이 바로 한국에서 하는 어학연수다. 어학연수를 가도 상황은 비슷하므로 여기가 해외라는 생각으로 하면 된다.

6. 연습량을 늘려라

양적 팽창이 질적 변화를 가져온다. 초급 문장의 연습량이 넘쳐야 자연스럽게 중급으로 넘어갈 수 있다. 문장이 입에서 바로 튀어나올 정도로 연습하라.

7. 짧게 자주 하라

평일에는 바쁘다고 주말에 6시간씩 몰아서 해서는 효과가 없다. 적은 양이라도 매일 30분씩 하는 습관이 실력을 만든다. 언어는 반복이 꾸준히 누적되어야 습득된다.

8. 회상 연습을 하라

복습은 말하기, 쓰기와 같은 아웃풋(output) 중심으로 하라. 듣기, 읽기는 이해만 하는 수동적인 방법이다. 우리 뇌는 잊은 것을 회상하려고 노력할수록 더 잘 기억한다.

9. 덩어리로 읽어라

문장을 읽을 때 여러 단어를 묶어서 한 덩어리로 읽는다. 예를 들어, 12개의 단어로 이루어진 문장은 보통 3~4개의 덩어리로 되어 있다. 영어는 덩어리로 말하고 덩어리로 듣는다.

10. 알아야 이해한다

영어를 우리말로 번역해서 이해하지 않는다. 우리말 번역을 거치지 않고 이해하려면 표현도 알고 배경지식도 있어야 한다. 영어는 듣고 알아듣는 것보다 알고 있어야 들리는 부분이 많다.

11. 쉬운 문장을 읽어라

쉬운 문장을 많이 읽으면 독해 능력이 향상된다. 쉬운 영어 소설이나 분량이 적은 초등학생용 동화책을 읽는 것이 좋다. 쉬운 문장이 기초를 튼튼하게 해 준다.

12. 더 많이 실수하라

어린아이가 말을 배울 때처럼 자주 실수하라. 언어를 처음부터 완벽하게 구사하는 사람은 없다. 더 많이 실수할수록 영어가 빨리 완성된다.

13. 한 가지에 집중하라

여러 가지를 잘하고 싶다고 영자 신문, 영어 뉴스, 미국 드라마로 동시에 하지 않는다. 이것저것 하다가는 하나도 제대로 못하게 된다. 처음에는 한 우물을 깊게 파는 것이 더 효과적이다.

14. 듣기만 하면 안 된다

영어 방송이나 유튜브 강의를 많이 듣는다고 실력이 늘지는 않는다. 그냥 듣기만 하는 것은 노력이 아니다. 강의를 들으면서 혼자서 입으로 말해 보는 노력을 계속해야 실력이 는다.

15. 문법부터 하지 마라

문법을 외우기보다 그 문법이 적용된 문장을 외워라. 그래야 기억하기 쉽고 실제 상황에서 써먹을 수도 있다. 문법보다 실제 쓰이는 문장, 즉 용법이 더 중요하다.

16. 최고의 단어장은 사전이다

단어는 예문을 통해 익히는 것이 좋다. 단어만 외워서는 써먹을 데가 없다. 영한사전으로 대충 의미를 이해하고 영영사전으로 단어가 쓰이는 문장을 익히는 습관을 들이면 좋다.

17. 필요하거나 재미있어야 한다

무엇이든 잘하기 위해서는 오래 해야 한다. 오래 지속하기 위해서는 자신에게 필요한 것이거나 재미가 있어야 한다.

If you can not do great things,
do small things in a great way.
_Napoleon Hill

위대한 일을 할 수 없다면
작은 일들을 위대한 방법으로 하라.

07

실천하지 않으면
평생 왕초보다

영어공부가
작심삼일로 끝나는 이유

영어를 잘하는 사람과 못하는 사람의 차이는 무엇일까요?

그것은 바로 실천력입니다. 대부분의 사람들은 목표 달성을 위한 행동을 취하기보다 막연히 '영어를 잘했으면 좋겠다'는 희망만 가지고 있습니다. 실천을 하지 않는 이유는 단순히 게으름 때문만은 아닙니다. 아무리 게으른 사람도 중요한 일은 시간을 내서라도 하기 때문입니다.

영어공부에 노력을 들이지 않는 이유는 자신의 인생에서 영어가 그만큼 중요하다고 생각하지 않기 때문입니다. 학창 시절에는 시험 때문에 영어가 중요했지만 지금은 딱히 필요한 이유가 없어진 것입니다. 따라서 영어공부를 시작하기 전에 '나에게 왜 영어가 필요한지'부터 생각해 볼 필요가 있습니다.

행동으로 옮기지 않는 이유

① 동기가 부족하다

영어공부가 실행이 잘 안 되는 이유는 그동안 누가 시켜서 하거나 시험과 같은 외적 동기에 의해 해 왔기 때문입니다. 내적 동기가 부족하면 중간에 작은 어려움에 부딪히더라도 포기할 가능성이 높습니다. 그런 사람은 영어를 왜 배워야 하는지 모르고 별로 좋아하지도 않습니다. 영어공부를 스스로 하는 사람은 '왜 영어를 배워야 하는지'에 대한 이유를 분명히 알고 있습니다. 또한 영어를 좋아하기 때문에 결과에 집착하기보다 실력이 향상되는 과정을 즐깁니다.

② 구체적인 목표가 없다

성공한 사람들은 목표를 설정하면 구체적인 계획을 세우고 행동에 옮깁니다. 그들은 목표를 달성하는 방법을 알고 있으며, 그 목표가 자신의 인생에서 어떤 의미를 지니는지도 잘 알고 있습니다. 반면, 실패하는 사람들은 단기적 목표나 실행하기 어려운 목표를 가지고 있습니다. 예를 들어, '영어 잘하고 싶다'는 생각만 하고 구체적으로 어떻게 할지 계획은 세우지 않는 것입니다.

③ 마감 기한이 없다

작가 팀 어번은 TED 강연 '할 일을 미루는 사람의 심리'에서 다음과 같이 말했습니다.

"인간의 뇌에는 쉽고 재미있는 것을 추구하는 '순간적 만족감 원숭이'가 존재합니다. 이 원숭이는 과거와 미래를 신경 쓰지 않고 오직 현재의 재미만을 추구합니다. 원숭이가 심리를 지배하면 일명 '암흑 놀이터'라고 불리는 곳에서 죄책감과 불안으로 가득 찬 세계에서 찝찝한 기분으로 놀아야 합니다. 원숭이가 가장 무서워하는 것은 '패닉 괴물'입니다. '패닉 괴물'은 평소에는 휴면 상태이지만 마감일이 다가오거나 무시무시한 후환의 위협이 있을 경우 갑자기 깨어납니다. '패닉 괴물'이 깨어나면 뇌를 조종하고 있던 '순간적 만족감 원숭이'는 멀리 도망가고 그때서야 미뤄 둔 행동에 착수하게 됩니다."

시험 기간에 게임을 하면서 '암흑 놀이터'에서 놀다가 '시험 날'이라는 '패닉 괴물'에 쫓겨 벼락치기로 공부하는 것이 우리의 일반적인 모습입니다. '마감일'이라는 '패닉 괴물'이 출현하지 않으면 '순간적 만족감 원숭이'는 절대 긴장하지 않습니다.

결심한 즉시 실행하라

　새벽 4시에 일어나는 사람은 남보다 의지력이 뛰어난 사람일까요? 그 사람은 반드시 이루고 싶은 분명한 목표가 있는 사람일 것입니다. 시간은 누구에게나 공평하게 주어집니다. 하지만 같은 환경에서도 어떤 사람은 영어를 잘하고 어떤 사람은 못합니다. 뚜렷한 목표가 있는 사람은 그 목표를 이루기 위해 영어를 중요시합니다. 그래서 다른 일보다 영어공부를 우선순위에 둡니다. 반면, 목표가 뚜렷하지 않은 사람은 다른 일을 하느라 영어공부를 뒤로 미룹니다. 영어가 중요하다면 다른 일보다 먼저 하는 습관을 들여야 합니다.

　'72시간의 법칙'이라는 이론이 있습니다. 미국의 한 연구에 의하면, 어떤 생각이나 계획을 머릿속에 떠올리고 나서 72시간 이내에 실행하지 않으면 그것을 실천할 확률은 1%도 되지 않는다고 합니다. 영어공부를 하겠다고 마음먹었다면 계획을 세운 후 72시간 이내에 실행하세요. 미루는 날보다 실행하는 날을 조금씩 늘려 가는 것, 그것이 영어공부를 실천하는 비결입니다.

필요한 행동을 해라

　사회 초년생 시절, 인터넷에서 어느 변호사의 강연 영상을 본 적이 있습니다. 그는 "대부분 사람들이 성공하지 못하는 이유는 원하기만 하고 필요한 행동은 하지 않기 때문이다."라고 말했습니다. '원하는' 것은 영어로 want이고 '필요한' 것은 need입니다. 원하는 것은 단지 희망사항이지만 필요한 것은 반드시 해야 하는 행동입니다.

통번역대학원을 졸업한 MBC 김민식 PD는 그의 책 《영어책 한 권 외워봤니?》(위즈덤하우스)에서 이렇게 말했습니다.

"운동을 하는 것은 필요의 문제입니다. 운동을 꾸준히 해야 건강을 유지할 수 있죠. 쉰다는 것은 욕망의 문제입니다. 욕망에 충실한 삶을 살면, 삶이 고통스럽거나 짧아질 수 있어요. 인생을 건강하게 오래 즐기기 위해서는 운동을 먼저 하고, 나중에 쉬어야 합니다. (중략)

인간을 위대하게 하는 것은 원하는 것보다 필요한 것에 집중하는 행위입니다. 가만히 앉아 미드를 보는 것은 우리가 원하는 일이고, 힘들게 소리 내어 영어 회화를 암송하는 것은 우리에게 필요한 일입니다. 필요한 일을 먼저 하고, 원하는 일은 나중에 하세요. 그게 시간을 배분하는 바람직한 기준입니다."

저는 취업한 후에 '하루 30분을 남들과 다르게 써 보자'는 생각으로 영어공부를 시작했습니다. 그리고 퇴근 후 뉴스 시청하는 시간을 영어공부 시간으로 바꾸었습니다. 토요일에는 직장인 소모임을 만들어 운영했습니다. 필요한 것들을 하나씩 실천하다 보니 지금까지 영어공부를 지속할 수 있게 되었습니다. 영어를 잘하는 원리는 생각보다 간단합니다. '유창한 영어 실력'을 바라기보다 '영어문장 하나 외우기'와 같은 작은 행동을 지금 바로 실행하는 것입니다.

※ 작심삼일 습관을 이기는 SMART한 영어공부 계획

Specific	구체적이어야 한다. 예) 영어회화 책 한 권 끝내기
Measurable	측정 가능해야 한다. 예) 하루에 한 페이지 외우기
Action-oriented	행동 중심적이어야 한다. 예) 출퇴근 시간에 지하철에서 외우기
Realistic	실현 가능해야 한다. 예) 자투리 시간 이용하기
Time-based	마감 기한이 있어야 한다. 예) 3개월 내에 끝내기

결심을 행동으로 실천하는 방법

미국에서 실시한 어느 조사에 따르면 새해 결심이 성공할 확률은 8%에 불과하다고 합니다. 25%는 일주일 안에 결심을 포기했고, 30%는 2주일 만에, 절반 정도는 한 달 내에 포기했습니다. 연말에 새해 결심을 이룬 사람은 10명 중 한 명도 안 됐다고 합니다. 그 이유가 무엇일까요?

결심을 실행하는 방법이 잘못되었기 때문입니다. 실패로 끝나는 결심은 예를 들면 다음과 같습니다.

- 매일 지각하는 사람이 한 시간 일찍 출근하겠다고 결심한다.
- 한 번도 안 하던 운동을 매일 두 시간씩 하겠다고 한다.

- 초등학생 수준의 영어도 안 되는 사람이 영화를 자막 없이 보겠다고 한다.

결심을 실행에 옮기는 데 실패하는 이유는 자신을 과대평가하고 실현하기 어려운 목표를 세우기 때문입니다. 사람들은 자신의 수준을 인정하지 않고 남에게 좋아 보이는 목표를 설정하고 싶어 합니다. 하지만 목표 수준이 높으면 뇌의 저항이 강해져 실패할 확률이 높습니다. 따라서 단기간에 성과를 내고 싶은 마음을 내려놓고 자신의 능력에 맞는 목표를 설정해야 합니다. 그래야 자신의 수행 능력에 대한 믿음, 즉 자기 효능감이 높아집니다. 자기 효능감이 높으면 실패를 하더라도 계속 도전할 수 있는 힘이 생깁니다.

우리 뇌의 메커니즘

우리 뇌는 변화를 매우 싫어합니다. 뇌의 입장에서는 변화를 생존이 위협받는 신호로 느끼기 때문입니다. 그래서 변화가 클수록 뇌의 저항은 더 강렬해집니다. 이렇게 인간의 뇌는 새로운 도전에 대해 두려움이 함께 작동되도록 프로그래밍되어 있습니다. 따라서 새로운 행위를 할 때는 변화를 느끼지 못할 만큼 작은 변화를 주어 뇌를 속이는 작업이 필요합니다. 이것을 '스몰스텝 전략'이라고 부릅니다. '스몰스텝 전략'이란 아주 작은 것부터 시작해서 뇌가 거부

감을 갖지 않도록 조금씩 늘려가는 것입니다. 어떤 목표에 대한 행동을 시작할 때 일부러 아주 작은 것부터 시작하는 것입니다. 영어공부를 하고 싶다면 일단 영어책을 가방에 넣어 가지고 다니는 것부터 시작합니다. 출근길 지하철에 오르면 스마트폰 검색을 하기 전에 부담 없이 영어문장 몇 개를 읽어 봅니다. 아주 작은 행동이라 공부라는 느낌이 거의 들지 않게 하는 것이 핵심입니다.

우리 뇌는 먼 미래나 장기적인 목표 앞에서는 방향을 잃고 앞으로 나아가지 못하도록 행동을 구속합니다. 실패에 대한 두려움이 필요한 행동을 시작할 수 없도록 제한하는 것입니다. 따라서 크고 어려운 목표일수록 여러 개의 쉬운 목표로 잘게 쪼개서 시작하는 것이 효과적입니다. 성공의 핵심은 뇌의 두려움 회로가 작동하지 않도록 가벼운 행동을 지속하는 것입니다.

무조건 작게 시작하라

날씬한 몸매를 만드는 것이 목표라면 10kg 감량 계획을 세워서는 안 됩니다. 1kg씩 10단계의 계획을 세워서 한 단계씩 이루어 나가는 것이 성공 확률이 높습니다. 영어공부도 마찬가지입니다. 영어책 한 권을 끝내는 것이 목표라면 하루치 목표량을 정해서 하루하루 목표량을 달성해 갑니다. 어제 외운 문장이 잘 기억나지 않더라도 '기억이란 원래 그런 거야.' 하고 생각하고 꿋꿋하게 밀고 나가는 추진력이 필요합니다.

처음에는 공부하는 내용보다 행동하는 것 자체가 더 중요합니다. 시간이 지나 부담스럽지 않은 일상이 되면 그때부터는 영어공부가 재미있어지고 머리에 남는 것도 늘어납니다.

작은 성공의 경험을 쌓아 가는 것이 중요합니다. 큰 목표는 포기하기 쉽습니다. 반복되는 포기의 경험은 도전에 대한 열정을 빼앗아 갑니다. 작은 목표는 성취의 만족감을 맛볼 수 있게 해 주고 꾸준히 지속할 수 있도록 용기를 북돋아 줍니다.

연세대 심리학과 서은국 교수는 자신의 책 《행복의 기원》(21세기북스)에서 이렇게 말했습니다.

"행복은 '한 방'으로 해결되는 것이 아니다. 모든 쾌락은 곧 소멸되기 때문에 한 번의 커다란 기쁨보다 작은 기쁨을 여러 번 느끼는 것이 절대적이다. 행복의 기쁨은 강도가 아니라 빈도다."

영어를 잘하는 것도 빈도가 중요합니다. 해외 연수를 가거나 원어민에게 배워야 영어를 잘할 수 있다고 생각하면 영어는 내 것이 되기 어렵습니다. 오히려 매일 화장실에 앉아 영어문장 몇 개를 외우는 작은 습관이 훨씬 더 중요합니다. 하루 10분씩 필요한 행동을 꾸준히 실천하는 사람이 어학연수 1년 다녀온 사람보다 100배는 더 낫습니다. 전자는 계속 성장하지만 후자는 퇴보만 할 것이기 때문입니다. 시간은 행동하는 사람의 편입니다. 영어는 한 방으로 잘할 수 없습니다. 작게 지속하는 힘이 진정한 실력입니다.

행동 중심의 계획을 세워라

사람들은 일반적으로 시간 단위로 계획을 세웁니다. 하지만 시간 단위 계획은 정해진 기간 내에 목표를 달성하기 어렵습니다. 시간이 갈수록 처음 결심과는 달리 실행이 지연되고 날짜는 순식간에 지나갑니다. 따라서 '하루 한 시간 영어공부 하기'와 같이 시간을 정하는 것보다는 '출근 시간에 영어책 읽기'와 같이 구체적인 행동 계획을 세우면 실행력을 높을 수 있습니다.

새로운 행동을 습관으로 만들려고 하면 기존의 습관에 의해 저항을 받습니다. 따라서 기존의 일상적인 행동에 새로운 행동을 더하면 효과적입니다. '점심식사 후 산책하면서 영어단어 5개 외우기' 또는 '귀가하는 버스 안에서 영어문장 5개 외우기'와 같이 실천할 행동을 기존의 습관에 결합하는 것입니다.

저는 운동을 직접 하는 것은 좋아하지 않지만 TV로 스포츠 경기를 보는 것은 좋아합니다. 그래서 생각해 낸 방법이 좋아하는 스포츠 경기를 시청하면서 운동하는 것입니다. 원어민 음성 파일도 책상 앞에 앉아서 들으면 지루하지만 러닝머신 위에서 걸으면서 들으면 시간 가는 줄 모릅니다. 이렇게 단독으로 실행하기 어려운 행동을 내가 좋아하는 일과 결합하면 쉽게 해낼 수 있습니다. 습관의 융복합이 일어나는 것입니다.

   쉽고 만만해 보이는 행동 목표를 세우세요. 그리고 매일 반복되는 일과에 끼워 넣으세요. 새로운 습관으로 만들기가 쉬워집니다. 하루에 10분이라도 좋습니다. 부담도 적고 한번 습관으로 자리 잡으면 관성이 생겨 새로운 습관을 만드는 윤활제가 됩니다. 작은 성공을 맛보기 위한 조건은 '만만함'과 '실행'입니다.

학원에 다녀도 영어가 늘지 않는 이유

영어를 배우겠다는 결심을 하면 보통 학원에 다닐 계획을 세웁니다. 저도 처음에는 학원에 다녔습니다. 하지만 기대만큼 실력이 늘지 않아 늘 고민이었습니다.

'1만 시간의 법칙' 이론의 창시자인 앤더스 에릭슨 교수는 음악 대학 학생들을 대상으로 재능의 비밀에 대한 연구를 진행했습니다. "실력 향상에 직결되는 가장 중요한 활동이 무엇인가?"라는 질문에 학생들은 모두 똑같이 대답했다고 합니다. 바로 '혼자 하는 연습'이었습니다. 학원에 다니더라도 혼자서 하는 연습이 뒷받침되지 않으면 노력이 실력 향상으로 이어지지 않습니다.

학원에서 배울 때의 문제점

① 한정된 표현만 사용한다

회화 학원은 실습하는 곳입니다. 수업에 들어가기 전에 배울 내용을 예습하고 할 말을 연습해서 가야 합니다. 궁금한 것은 원어민 강사에게 물어볼 수 있도록 질문도 여러 개 정리해 둡니다. 그렇게 사전 준비를 하지 않으면 알고 있는 몇 개 표현만 사용하고 수업이 끝나게 됩니다. 매일 새로운 표현을 공부해서 틈만 나면 써먹을 궁리를 해야 합니다.

② 주로 수업을 듣기만 한다

원어민 강사가 하는 말을 열심히 듣기만 해서는 말하기 실력이 늘지 않습니다. 듣는 것은 몸은 편하지만 실력이 늘지 않습니다. 말하고 싶은 문장을 미리 준비해서 원어민 강사와 일대일로 한마디라도 더 할 수 있도록 해야 합니다. 그렇지 않으면 다른 수강생들의 대화만 듣다가 수업이 끝나 버립니다. 원어민 음성은 집에서 스마트폰이나 컴퓨터로도 충분히 들을 수 있습니다.

③ 학생들에게 수준을 맞춰 준다

원어민 강사는 대부분 수강생의 수준에 맞춰 수업을 진행합니다. 대화는 주로 실력이 비슷한 수강생들끼리 하니 수준이 떨어짐니다. 미리 준비해 간 표현을 활용해서 말하면 상대가 못 알아듣는 경우가 많아서 대화 진행이 안 됩니다. 내가 수준을 높여서 수업에 참석하면 원어민 강사는 내 수준에 맞춰 줍니다.

④ 말하기 연습량이 너무 적다

한 시간 수업에서 원어민 강사와 개별적으로 대화할 수 있는 시간은 기껏해야 10분 정도 됩니다. 원어민 강사와 하루에 10분씩 대화한다고 가정하면 1년간 학원에 다닌다고 해도 '10분×5일×4주×12개월 = 40시간'밖에 안 됩니다. 이틀이 채 안 되는 시간으로 말하기 능력이 생길 수는 없습니다. 학원에 가기 전에 최소 1시간은 말하기 연습을 해야 합니다.

배우기만 하면 안 된다

회화 학원을 다녀도 말하기 실력이 늘지 않는 이유는 배우러만 다녔기 때문입니다. 회화 학원은 그동안 배운 영어를 실습하러 가는 곳이지 영어를 배우러 가는 곳이 되어서는 안 됩니다.

저는 누가 좋은 학원을 추천해 달라고 말하면 "예습을 충실히 하지 않을 거라면 학원에 다니지 않는 것이 좋습니다."라고 말합니다. 그러면 "그래도 안 다니는 것보다는 낫겠죠."라는 대답이 돌아옵니다. 저는 오해를 받는 일이 있더라도 이렇게 말합니다. "차라리

다니지 않는 게 낫습니다."

학원에 다녀도 실력이 늘지 않는 사람들은 보통 다음과 같은 이유를 듭니다. '학원 수준이 별로다', '강사가 미국인이 아니다', '수강생 수준이 너무 낮다' 등 영어가 안 되는 이유를 모두 남의 탓으로만 돌립니다. 하지만 유능한 목수는 연장 탓을 하지 않습니다. 스스로 예습과 복습을 철저하게 하면 되는 것입니다.

온라인 강의나 학원 수업의 단점은 수동적으로 배우는 데 익숙해지기 쉽다는 것입니다. 그래서 '노력을 별로 하지 않아도 저절로 실력이 늘겠지.' 하는 착각에 빠지기 쉽습니다.

'학습(學習)'은 배우고 익히는 것입니다. 배운다는 것은 단순히 이해만 하는 것입니다. 배우기만 하고 복습을 소홀히 하거나 잊어버린 것을 상기하는 노력을 하지 않으면 내 것이 되지 않습니다. 언어를 익히는 데 있어 중요한 것은 많이 배우는 것보다 배운 것을 확실하게 숙달하는 것입니다. 배웠어도 연습하지 않으면 절대로 내 것이 되지 않습니다.

말하기는 연습이 준비다

직장 동료가 3개월 만에 토익 시험에서 975점을 받았습니다. 그 비결이 궁금해서 물어봤습니다.

"회사 다니면서 어떻게 그렇게 높은 점수를 받을 수 있었나요?"

그는 이렇게 대답했습니다.

"강의가 끝나면 학원에서 만들어 준 그룹 스터디에 참여했어요. 그리고 매일 혼자서 300개씩 문제 푸는 연습을 했고요. 수업은 20%, 혼자서 문제 푸는 연습은 80% 정도로 비중을 두고 준비했어요."

예전에는 토익 학원에서 강의만 제공했었는데 요즘은 수강생들의 성취도를 높이기 위해 스터디 그룹도 운영한다고 합니다. 그만큼 혼자 하는 연습이 중요합니다. 기초 단계에서는 학원의 도움이 필요할 수도 있지만, 초급 수준을 벗어나면 학원 수업은 큰 도움이 안 됩니다. 혼자서 연습을 많이 해야 실력이 좋아지는데 이것은 학원에서 도와줄 수 없기 때문입니다. 따라서 혼자서 연습하는 시간을 늘려야 합니다.

임진왜란 때 이순신 장군이 적은 병력으로도 해전에서 전승할 수 있었던 비결은 평시에 전쟁에 대비하여 전선을 정비하고 수군을 훈련시켰기 때문입니다. 영어공부를 한다고 무작정 학원이나 전화영어부터 등록하는 것은 아무런 준비 없이 전장에 출전하는 것과 같습니다.

　비축한 화살이 많아야 공격을 할 수 있듯 말하기 재료가 많아야 말하기가 가능합니다. 활쏘기 훈련이 충분히 되어 있어야 정확하게 맞출 수 있는 것처럼 말하기 연습이 되어 있어야 대화를 할 수 있습니다. 전투에서 무기가 바닥나고 체력이 고갈되면 도망쳐야 합니다. 영어에서도 마찬가지입니다. 대화 재료가 떨어지고 말하기 연습량이 부족하면 원어민 강사를 자꾸 피하고 싶어집니다. 전쟁 준비처럼 화살을 비축하고 활 쏘는 훈련을 해야 합니다. 전쟁 준비는 말하기 연습, 전투는 실전 대화입니다. 영어 말하기도 평소에 철저히 대비해야 성공할 수 있습니다.

기억 원리를 활용한 복습 방법

　중고생 시절 시험 기간이 되면 공부 계획을 빡빡하게 세웠습니다. 하지만 이상과 현실의 차이는 컸습니다. 날짜가 갈수록 공부를 끝내지 못한 과목들이 뒤에 밀려 쌓였습니다. 결국 한 번도 읽어 보지 못하고 시험을 치르는 과목이 생기기도 했습니다. 그때 저는 머리가 나빠 공부를 못하는 거라고 생각했습니다. 함께 공부하던 친구들이 명문대에 진학한 탓에 더 그렇게 믿었습니다. 성인이 된 후에도 '나는 남보다 머리가 나쁘니 노력을 더 많이 해야 해.'라는 생각으로 살았습니다.

　프로 바둑 기사들은 대국이 끝나면 자리에서 뜨지 않고 '복기'를 합니다. '복기'란 상대 선수와 두었던 수를 하나씩 되짚어 보는 것입니다. 패배 원인을 점검하고 같은 실수를 반복하지 않기 위해 반성하는 시간을 갖는 것입니다. 바둑 기사가 실력 향상을 위해 '복기'를 하듯 어떤 것을 배우는 사람에게는 복습하는 습관이 중요합니다. 영어를 잘하려면 공부량이 아니라 복습량을 늘려야 합니다.

공부 잘하는 사람의 복습법

흔히 공부를 잘하는 사람은 '메타인지가 높다'고 말합니다. '메타인지'는 자신이 무엇을 알고 모르는지 아는 것입니다. 최상위권 학생들은 눈을 감고 중얼거리거나 책을 덮고 누군가에게 설명하는 식으로 공부하는 경우가 많습니다. 공부한 내용을 떠올리면서 자신이 알고 있는 것과 모르는 것을 구별하는 셀프 테스트를 하는 것입니다.

반면, 공부를 못하는 사람은 두세 번 반복해서 읽으면 외워질 거라고 생각합니다. 그리고 진도 나가는 데 신경 쓰느라 복습하는 데는 소홀히 합니다.

공부를 잘하는 사람은 다른 사람보다 진도가 훨씬 빠릅니다. 전체를 빨리 보고 나서 잊어버린 것을 복습하는 데 시간을 쓰기 위해서입니다. 저도 영어회화 책의 문장을 외울 때 일주일 분량을 하루나 이틀 만에 다 보려고 노력했습니다. 그리고 나머지 시간은 여러 번 복습하는 데 사용했습니다. 매일 한 과씩 일정하게 진도를 나가는 방식으로 공부하면 일주일 뒤에는 머릿속에 남는 것이 거의 없습니다. 인간의 기억은 하루만 지나도 70%가 망각됩니다. 빨리 공부하고 남은 시간에 기억나는 것과 잊어버린 것을 선별하는 테스트를 해야 합니다. 그런 식으로 4~5차례 복습하면 마지막 날에는 일주일간 공부한 내용이 거의 균일하게 기억에 남아 있습니다.

공부를 잘하는 사람은 일반적으로 다음과 같이 3단계로 복습합니다.

> 탐색 → 반복 → 피드백

① 내가 잘 모르는 부분을 찾아낸다. (탐색)
② 그 부분을 알 때까지 다시 공부한다. (반복)
③ 제대로 아는지 다시 확인한다. (피드백)

공부를 못하는 사람은 대체로 피드백을 제대로 하지 않습니다. 기억이 나는지 간단한 피드백 요령만 실천해도 결과는 크게 달라질 수 있습니다. 영어는 다른 공부와 달리 입으로 소리 내서 말하면서 복습해야 합니다. 머리에는 남아 있어도 입으로 나오지 않으면 모르는 것과 같습니다. 영어는 머리가 아니라 입이 기억해야 하는 근육 운동이기 때문입니다.

효과적인 복습 전략

한 설문조사에 따르면, 서울대생 100명 중 84%가 복습 위주로 공부했다고 합니다. '왜 복습에 많은 비중을 두냐'는 질문에 대부분 '복습을 해야 배운 것을 명확하게 알 수 있고 완전히 내 것으로 만들 수 있기 때문'이라고 답했습니다. 언어를 잘하기 위해서도 복습이 중요합니다. 우리 뇌는 오래된 기억을 지우고 새로운 기억을 저장합니다. 복습을 통해 새로운 정보로 꾸준히 업데이트해야 기억을 유지할 수 있습니다.

우리가 생각하는 일반적인 복습은 반복해서 읽는 것입니다. 반복해서 읽으면 내용에 익숙해지고, 그것을 완전히 소화했다는 느낌이 듭니다. 하지만 테스트를 해 보면 잘 생각이 나지 않습니다. 공부를 많이 해도 성적이 안 좋은 사람들은 이런 방식으로 복습을 한 경우가 많습니다. 따라서 복습의 형태를 바꿔야 합니다. 배운 뒤 노력을 많이 들여 복습을 해야 기억에 오래 남는다는 연구 결과도 있습니다.

효과적인 복습 전략 세 가지를 소개합니다.

① 회상하는 연습

공부한 내용을 보지 않고 테스트하는 것입니다. 가장 쉬운 방법은 손으로 가리거나 책을 덮고 내용을 말해 보는 것입니다. 머리에 잘 입력되었는지 스스로 피드백하는 것입니다. 방금 외운 영어문장을 보지 않고 입으로 말해 보면 연습이 더 필요한 문장만 남게 됩니다. 회상은 기억을 강화하고 망각을 지연시키는 효과가 있습니다.

② 간격을 둔 복습

어떤 것을 배우고 나서 어느 정도 시간이 지난 후에 복습하는 것입니다. 시간이 지나면 회상하는 데 더 많은 노력이 필요하지만 기억은 더 확실하게 뇌에 저장됩니다. 망각이 기억의 강화에 오히려 도움을 주는 것입니다. 더 많이 잊어버릴수록 반복하면서 기억을 회상하는 경로가 강화되어 학습 효과가 더 크다고 합니다.

③ 불규칙한 연습

한 가지 복습을 완전히 끝내기 전에 다른 복습으로 넘어가는 것입니다. 야구 선수가 타격 연습을 할 때 동일한 구질의 공을 차례대로 숙달하는 것보다 다양한 구질을 불규칙적으로 번갈아가면서 연습하는 것과 같습니다. 영어공부를 할 때도 하나의 챕터를 완벽히 끝내고 진도를 나가는 것보다 다소 불완전하더라도 다른 챕터로 넘어가고 차후에 복습하는 것이 더 효과적입니다. 한 번에 완벽을 추구하는 것보다 반복으로 완성도를 높이는 습관이 더 좋습니다.

생각거리 07

인터넷 강의 제대로 활용하는 법

듣기만 하면 안 된다

요즘에는 관심만 있으면 어떤 정보든 인터넷에서 얻을 수 있는 세상이 되었습니다. 과거에는 영어를 배울 때 책과 CD 정도가 전부였는데, 지금은 개인 취향에 따라 다양한 도구를 활용할 수 있는 환경이 되었습니다. 전화영어나 인터넷 강의도 잘 활용하면 영어 실력을 늘릴 수 있는 훌륭한 도구입니다. 하지만 제대로 효과를 보기 위해서는 똑똑한 노력이 필요합니다. 인터넷 강의는 바쁜 현대인들에게 이동 시간을 절약해 주고 시공간을 초월해서 공부할 수 있다는 장점이 있습니다. 하지만 회화 학원과 마찬가지로 수동적인 방법으로 이용하면 돈과 시간을 낭비할 수 있습니다. 인터넷 강의는 주로 녹화된 영상물을 시청하는 방식이기 때문에 자칫 강사의 설명을 듣고 끝나기 쉽습니다. 따라서 시청을 하는 동안 실제로 강사와 마주하고 있는 것처럼 반응하면서 연습해야 합니다. 또한, 강의가 끝나면 그날 배운 내용을 입으로 소리 내서 연습하고 마무리해야 합니다. 인터넷 강의는 이해를 도와주는 역할만 할 뿐입니다. 복습을 해야 배운 내용을 숙달할 수 있습니다.

연습을 해야 내 것이 된다

언어는 충분한 연습 없이는 잘할 수 없습니다. 머리로 이해하는 정도로는 부족하고 생각을 하면 영어 문장이 입에서 툭 튀어나올 정도로 연습해야 합니다. 그렇게 만들려면 10분 수업을 위해 한 시간 정도는 준비해야 합니다. 예를 들어, 하루에 10개씩 새로운 문장을 연습해서 그날 수업 시간에 반드시 써먹겠다는 생각으로 말하는 것입니다. 저는 회화 학원을 다닐 때 EBS 교육방송의 기초 회화책과 학원에서 사용하는 교재 두 권으로 매일 말하기 연습을 하고 수업에 들어갔습니다. 그 덕분에 부족한 실력에도 불구하고 수업 분위기를 주도할 수 있었습니다.

저는 영어를 독학으로 공부한 지 18년째 되었습니다. 외부의 도움 없이 혼자서 하는 시스템이 구축된 것입니다. 어느 분야든 중급 이상의 실력을 가진 사람은 혼자서 연습하는 사람이 많습니다. 초기에는 외부의 도움이 필요하지만, 초급 수준을 넘어서기 위해서는 능동적인 태도로 바꿔야 합니다. 온라인 강좌나 유명 학원이 달콤한 말로 유혹해도 '내 실력은 내가 만든다'는 마음가짐을 가져야 합니다.

Practice makes perfect.라는 말이 있죠. 영어가 안 되는 이유는 어려워서가 아니라 연습이 부족하기 때문입니다. 혼자서 연습하는 시간을 늘려야 합니다.

Success is the ability to go
from one failure to another
with no loss of enthusiasm.
_Winston Churchill

성공은 실패를 거듭하면서도
열정을 잃지 않는 능력이다.

— 08 —

시행착오는 필수!
두려움을 버리자

지속하는
끈기를 기르는 법

"지피지기 백전불태(知彼知己 百戰不殆)."
적을 알고 나를 알면 백 번 싸워도 위태롭지 않다.

손자병법에서 손무는 전쟁에서 승리하기 위해 상대뿐 아니라 자기 자신도 잘 알아야 한다고 말했습니다. 오늘날에는 '지피지기 백전백승(知彼知己 百戰百勝)'으로 바뀌어 알려져 있습니다.

목표를 달성하기 위해서는 목표 수준과 자신의 상태를 정확하게 파악해야 합니다. 영어공부는 장거리 마라톤과 같습니다. 100미터 달리기와 마라톤의 훈련 방법이 다르듯이 영어공부를 할 때도 지치지 않고 완주하기 위한 전략이 필요합니다. 중간에 지치지 않도록 체력을 안배해야 '중도 포기'라는 시행착오를 줄일 수 있습니다. 따라서 단기간에 영어를 정복하겠다는 불타는 의지보다 끈질기게 버텨서 목적을 달성하겠다는 자세를 갖는 것이 더 바람직합니다.

시행착오는 필수다

어느 분야든지 고수들은 시행착오의 경험이 많습니다. 무림의 고수는 수많은 강호들과 대결을 하고 혼자서 고된 수련을 하느라 온몸에 상처의 흔적이 있습니다.

'아무것도 하지 않으면 아무 일도 일어나지 않는다'는 말이 있습니다. 두려움을 이기고 시행착오와 도전의 경험을 늘리라는 뜻입니다. 우리는 시행착오를 통해 배우고 점점 더 현명해질 수 있습니다. 자동차 왕 헨리 포드는 "실패란 더 현명하게 시작할 수 있는 기회다."라고 말했습니다. 세계적인 동기부여 전문가인 브라이언 트레이시도 "반복되는 실패와 피드백을 통해 점점 더 똑똑해질 수 있다."고 말했습니다. 영어공부법에 대한 책을 많이 읽는다고 영어를 잘할 수 있는 것이 아닙니다. 실천하면서 많은 시행착오를 거쳐야 자신만의 내공을 쌓을 수 있습니다. 성공하려면 도전 횟수를 늘리고 그만큼 시행착오도 많이 겪어야 합니다. 성공의 반대말은 실패가 아니라 도전하지 않는 것입니다.

김대중 전 대통령은 48세의 늦은 나이에 영어공부를 시작했습니다. 그것도 유신 독재 시절 5년간 옥중 생활을 하면서 독학했다고 합니다. 감옥에서 공부한 영어 실력으로 미국 〈ABC Nightline〉이라는 TV 방송에 출연해 한국 정부의 인권 유린 실태를 미국 전역에 알렸습니다. 그분도 작심삼일을 반복하는 한 인간이었다고 고백합니다. 그의 인생처럼 영어공부도 순탄하지 않았지만 시행착오를 거치며 자신감과 실력을 쌓았습니다. 어제보다 나은 자신을 위해 노력하고 성장을 즐기는 사고방식, 그것이 바로 우리가 배워야 할 인생의 자세가 아닐까요?

계획을 계속 수정하라

사람들은 새해가 되면 더 나은 삶을 살겠다고 다짐하고 신년 계획을 세웁니다. 하지만 번번이 실패로 끝납니다. 늘 계획대로 진행되지 않고 일정보다 늦어집니다. 이러한 현상을 '계획의 오류'라고 부릅니다. 우리가 계획을 세울 때 정확하게 예상하지 못하는 이유는 지나치게 낙관적으로 생각하기 때문입니다. 계획의 오류에서 벗어나는 방법은 계획을 잘못 세울 수 있다는 사실을 받아들이는 것입니다.

호주 시드니의 오페라 하우스는 '계획 오류'의 대표적인 사례로 꼽힙니다. 오페라 하우스는 원래 1963년에 완공 예정이었지만 이보다 10년이나 늦은 1973년이 되서야 완공되었습니다. 건설 비용도 처음 계획보다 14배나 늘어났습니다. 지붕에 사용할 특수 타일을 개발하는 데 3년 이상 걸렸으며, 지붕 구조물을 짓는 데에는 8년이나 걸렸습니다. 이렇게 세계적인 건축 전문가들도 제대로 된 계획을 세우지는 못하는 것이 현실입니다.

"어차피 안 될 건데 뭐 하러 계획을 세우나?"라고 말한다면 계획의 의미를 제대로 이해하지 못한 것입니다. 계획을 세우는 목적은 계획과 현실의 간격을 줄여 나가는 데 있습니다. 여러 행성들 사이에서 끊임없이 궤도를 수정하며 이동하는 인공위성처럼 우리의 계획도 계속 수정되어야 비로소 진짜 계획이 됩니다. 계획은 한 번에 세우는 것이 아닙니다. 끊임없이 수정하며 실행 가능한 현실적인 계획으로 완성해 가는 것입니다. 따라서 처음 계획대로 실행하지 못했다고 해서 실패라고 생각하면 안 됩니다. 계획은 실행이 가능할 때까지 계속 수정해야 합니다.

끈기를 기르는 방법

우리는 힘들 때 '포기'라는 단어를 떠올립니다. 그러나 포기하는 순간 '나의 한계는 딱 거기까지다.'라고 인정하는 것이 됩니다. 영어 공부도 그렇습니다. 끈기를 갖고 인내하는 것이 중요합니다.

끈기를 기르는 방법 세 가지를 소개합니다.

① **환경 설정 :** 지속할 수 있는 환경을 조성한다.

공부를 하기 위해 도서관에 가는 것처럼 영어공부에 집중할 수 있는 환경을 조성합니다. 저는 영어 소모임을 만들어 매주 한 번씩 참여했습니다. 평소에 게으름을 피우다가도 모임 날짜가 다가오면 자연스럽게 열공 모드로 바뀌었습니다. 다른 사람과 약속을 하는 것도 자신의 영어공부를 실행하게 만드는 좋은 환경 설정 방법입니다.

② **멘탈 관리 :** 긍정적인 이미지 트레이닝을 한다.

어떤 믿음과 신념을 가지고 사느냐는 인생의 방향을 결정하는 중요한 요소입니다. 노력해도 소용없다는 생각이 침투하기 시작하면 실행 의지가 꺾이게 됩니다. 따라서 어려움 속에서도 향상심을 유지할 수 있는 훈련이 필요합니다. 저는 꾸준히 독서를 하면서 마음의 근육을 단련했습니다.

③ **행동 습관 :** 몸이 편해질 때까지 반복 실행한다.

인기 아이돌 그룹의 멋진 노래와 화려한 춤 솜씨는 지독한 연습의 결과입니다. 잠을 줄여 가며 새벽까지 연습하는 일상을 반복했기에 정상의 자리에 오를 수 있었던 것입니다. '좋아하는 일을 하라'는 말이 있습니다. 하지만 현실은 이와 반대로 피나는 노력으로 잘하게 되었을 때 그것을 좋아하게 되는 경우가 더 많습니다. 이것을 심리학에서 '체화된 인지'라고 부릅니다. '행복해서 웃는 것이 아니라 웃어서 행복하다'는 말도 같은 이치입니다. 행동이 바뀌면 마음도 따라옵니다.

슬럼프를 슬기롭게
극복하는 법

김꼴등 "대박! 나 다 맞은 것 같아. 오늘 시험 왜 이렇게 쉽냐?"
박일등 "난 망한 것 같은데. 공부를 너무 안 했나 봐."

교실에서 시험을 마치고 나서 들을 수 있는 대화입니다. 누가 시험을 더 잘 봤을까요? 시험 점수는 자신감 넘치는 김꼴등보다 엄살이 심한 박일등이 훨씬 좋을 것입니다.

'더닝 크루거 효과'라는 것이 있습니다. 잘못된 결론에 도달하더라도 능력이 부족하기 때문에 실수를 알아차리지 못하는 현상을 말합니다. 실력이 부족한 사람은 자신의 능력을 과대평가하는 반면 실력이 뛰어난 사람은 자신의 능력을 과소평가합니다.

초보자일수록 자신의 능력을 과대평가하고 영어에 대해서는 과소평가하는 경향이 있습니다. '영어는 쉽다' 또는 '6개월 만에 잘할 수 있다'와 같이 주장하는 책이 많은 이유도 그런 초보자의 심리를 잘 알기 때문입니다.

슬럼프에 빠지는 이유

영어를 배우면서 가장 힘든 시기는 '열심히 하는데 왜 실력이 늘지 않을까?'라는 고민에 빠질 때입니다. 처음에는 영어가 금방 될 것 같은 착각으로 의지를 불태웁니다. 하지만 영어 실력은 생각만큼 빨리 늘지 않습니다. 저도 영어를 배우면서 거의 3개월 주기로 슬럼프를 겪었습니다. 실력이 늘지 않는 것 같고 자신감도 점점 떨어졌습니다. '대체 왜 내가 영어를 배워야 할까?' 하는 생각이 자꾸 들고, 아무리 해도 영어를 잘할 수 없을 것 같은 불안감을 떨칠 수 없었습니다.

나중에 생각해 보니 슬럼프의 원인은 욕심이었습니다. 들인 노력보다 많은 성과를 바랐기 때문입니다. 우리는 '최소한의 노력으로 최대의 효과'를 거두길 기대하면서 영어를 공부합니다. 하지만 영어공부는 딱 노력한 만큼만 성과가 나타납니다. 우리는 하루에 한 시간 정도 투자하면서 6개월 만에 유창한 프리토킹이 가능하기를 바랍니다. 하루 10분만 투자하면 영어를 잘할 수 있다는 광고에

흔들립니다. 잘못된 믿음은 과도한 욕심에서 나옵니다.

저는 슬럼프에 빠질 때마다 생각할 시간을 줄이려고 노력했습니다. 운동을 하거나 말하기 연습처럼 주로 몸을 사용하는 활동에 집중했습니다. 몸을 힘들게 하면 불필요한 생각에 빠지는 시간을 줄일 수 있습니다. 영어공부는 마라톤과 비슷합니다. 욕심을 버리고 매일 100미터씩 꾸준히 뛰겠다는 마음가짐이 필요합니다. 그래야 지치지 않고 최종 목적지까지 도착할 수 있습니다. 슬럼프를 극복하기 위해서는 욕심을 줄여야 합니다. 그러면 마음이 편해집니다. 영어공부도 마음의 평화가 중요합니다.

슬럼프는 마음가짐이다

저는 취업준비생 때 토익 공부를 하면서 시험 점수 때문에 스트레스를 많이 받았습니다. 취업 후 영어회화를 연습할 때도 기대만큼 실력이 늘지 않아서 '그만둘까?' 하는 마음이 수시로 들었습니다. 이렇게 노력해도 안 되는 건 머리가 나빠서라고 자책하며 스스로를 괴롭히기도 했습니다.

하지만 그만큼 노력도 하지 않으면서 욕심을 부렸다는 사실을 나중에 깨달았습니다. 그 이후로는 제 능력의 한계를 인정하고 할 수 있는 것에만 집중했습니다. 그랬더니 어느 순간 영어에 대한 스트레스가 사라지고 실력도 한결 더 좋아졌습니다.

여러분도 늘지 않는 영어 실력 때문에 스트레스를 받고 계시나요? 슬럼프는 노력의 결과가 기대에 미치지 못할 때 겪습니다. 슬럼프에서 벗어나는 방법은 의외로 간단합니다. 지금 있는 대로의 결과를 인정하면 됩니다. 현재의 나를 객관적으로 바라볼 수 있으면 불안한 마음에서 벗어날 수 있습니다. 그것은 욕심을 버려야 가능해집니다.

《대통령의 글쓰기》(메디치미디어)를 쓴 강원국 작가는 글쓰기가 두려운 이유를 이렇게 말했습니다.

"야구 선수는 어깨에 힘이 들어가면 공을 칠 수 없다. 글쓰기가 어려운 이유도 딱 하나다. 욕심 때문이다. 잘 쓰려는 욕심이 글쓰기를 어렵게 만든다."

저는 요즘에는 슬럼프를 거의 겪지 않습니다. 과도한 욕심을 버렸기 때문입니다. 그 말은 예전보다 저의 능력과 한계를 잘 알고 있다는 뜻이기도 합니다. 지금은 고민거리가 있어도 그 생각에만 몰두하기보다 노력을 하는 데 시간을 씁니다. 그것이 마음도 편하고 결과적으로 더 도움이 되기 때문입니다. 슬럼프에 빠졌을 때는 생각하는 시간을 줄이고 행동을 하세요. 슬럼프는 마음먹기에 따라 포기의 이유도, 성장의 기회가 될 수도 있습니다.

목표를 정하고 도전하라

　성공한 사람들의 스토리에는 고난을 극복한 과정이 담겨 있습니다. 그들은 '슬럼프와 실패가 목표를 이루는 데 필요한 소중한 자산이었다'고 말합니다. 그 이유는 어려움을 지혜롭게 극복해 냈기 때문이 아닐까요? 이루지 못한 일에 대해 고민만 하고 있으면 아무것도 바뀌지 않습니다. 그럴 때는 새로운 목표를 정해서 도전해야 긍정적인 변화가 일어납니다.

　무기력에 빠진 수동적인 태도로 있기보다 무엇을 이루기 위한 적극적인 도전을 하면 슬럼프 탈출에 도움이 됩니다. 무엇이든 작은 성취를 통해 자존감을 높여야 합니다. 작은 목표를 설정하고 성취하세요. 계획을 세우고 매일 행동하세요. 그것을 반드시 이루고 성공한 것을 체크하세요. 성취하는 경험이 계속되면 자연스럽게 자신감이 쌓입니다.

　영어를 배우면서 슬럼프를 겪지 않는 사람은 별로 없습니다. 열심히 하는 사람은 누구나 한 번쯤 겪는 과정일 뿐입니다. 영어 고수들은 슬럼프를 잘 극복해 낸 사람들입니다. 슬럼프는 잘 극복하면 위기를 기회로 바꿔 한 단계 도약할 수 있는 발판이 됩니다.

영어 울렁증을
떨쳐 내는 법

　미국인 영어 강사와 삼겹살을 먹으러 갔을 때의 일입니다. 우리는 보통 삼겹살을 상추쌈을 싸서 먹는데 그 미국인은 소금에 찍어 먹길 원했습니다. 그는 식당 종업원에게 "Can I have some salt, please?"라고 말했습니다. 하지만 종업원은 무슨 뜻인지 몰라 당황스러워했고, 그는 다시 태연하게 영어로 똑같이 말했습니다. 옆에 있던 제가 민망해서 우리말로 대신 말했습니다. 그때 저는 속으로 '아무리 외국인이라고 해도 식당에서 자주 쓰는 표현 정도는 외워 둬야 하지 않나?'라고 생각했습니다. 다른 나라에 살면서 그 나라 말을 한마디도 배우려고 하지 않는 그의 태도가 조금 뻔뻔하게 느껴졌습니다.

하지만 한국인들은 정반대입니다. 길에서 외국인이 영어로 물어보면 놀라서 도망갑니다. 한국인은 왜 그렇게 영어 울렁증이 심한 걸까요?

두려움 때문입니다. '다른 사람이 영어 못하는 나를 어떻게 볼까?' 하고 남의 시선을 의식하기 때문입니다. 조금만 더 당당해지면 어떨까요? 우리도 외국인들처럼 조금 뻔뻔해질 필요가 있습니다. '나는 한국인이니까 외국어인 영어는 못해도 창피하지 않아.'라고 생각을 바꿔 보세요. 언어는 원래 실수하면서 배우는 것입니다. 넘어지지 않고 자전거 타는 법을 배울 수 없듯이 언어도 버벅거리는 과정을 거쳐야 잘할 수 있습니다. 실수하지 않으려고 신경 쓰기보다 실수를 통해 배우려는 마음가짐이 필요합니다.

최대의 적은 두려움이다

'용기란 두려움이 없는 것이 아니라 두려운 일을 하는 것이다.'라는 말이 있습니다. 인간은 경험해 보지 않는 일에 대한 막연한 두려움이 있습니다. 외국인을 두려워하는 이유도 영어로 대화를 해 본 경험이 별로 없기 때문입니다. 영어공부를 많이 한 사람도 실제 대화 경험이 부족하면 긴장해서 제대로 실력을 발휘하기가 어렵습니다. 무대 공포증을 극복하려면 관중 앞에서 말해 보는 경험을 늘려야 합니다. 영어 대화가 두려운 사람은 대화 경험을 쌓아야 합니다.

처음에는 두렵고 힘들지만 몇 번 해 보면 '별거 아니네.'라는 생각이 들 수 있습니다. 용기를 기르는 비결은 바로 경험을 쌓는 것입니다. Experience is the best teacher.(경험은 최고의 선생님이다.)라는 영어 속담이 있습니다. 우리는 영어를 늦게 시작했고, 영어를 사용하지 않는 환경에서 살고 있습니다. 영어 문제를 푸는 연습은 많이 했지만 영어로 말해 본 경험은 거의 없습니다. 하지만 두려워할 필요는 없습니다. 지금부터 조금씩 말하는 연습을 하면 되니까요.

수영을 잘하고 싶으면 물에 자주 들어가야 합니다. 물이 무섭다고 계속 피하면 두려움은 사라지지 않습니다. 영어가 두렵더라도 당당히 마주해야 합니다. 세상의 훌륭한 성과는 두려움에 맞서 용기를 발휘한 사람들이 이룬 것입니다. 우리에게 필요한 것은 영어를 잘하는 기술이 아니라 용기입니다.

나를 위한 영어를 해라

우리는 무한경쟁 사회에서 살고 있습니다. 우리가 영어를 잘하고 싶은 이유도 내가 필요해서라기보다는 경쟁에서 앞서기 위해서인 경우가 많습니다. 남보다 뒤처질까 봐 불안한 마음과 의무감으로 영어를 공부합니다. 의무감으로 하는 일은 즐겁지 않고 오래하기 힘듭니다. 공부는 자신이 필요해서 해야 인내심을 갖고 꾸준히 할 수 있습니다. 제가 직장을 다니면서 지금까지 영어공부를 계속할 수 있었던 것도 이러한 이유 때문이었습니다. 해외여행을 불편함 없이 하고 싶었던 순수한 동기 때문에 여기까지 올 수 있었습니다.

삶의 주인은 자기 자신입니다. 영어공부에서도 내가 주인이 되어야 합니다. '불행은 남과 비교하는 순간 시작된다'는 말이 있습니다. 남과 비교하며 사는 것은 자신의 모습을 잃어버리고 다른 사람의 인생을 좇는 것과 같습니다. 다른 사람과 실력을 비교하거나 자신의 현재 수준에 의기소침할 필요가 없습니다.

《지금 하지 않으면 언제 하겠는가》의 저자 팀 페리스는 "소중한 것을 지금 하라."라고 말했습니다. 우리가 힘겹게 사는 이유는 '원하는 삶을 살지 못해서'가 아니라 자꾸 '미루는 삶을 살기 때문'이라고 합니다. 성공하려면 지금 성공해야 하고, 행복하려면 지금 행복해야 합니다. 행복을 나중으로 미루면 끝까지 행복해질 수 없습니다.

언젠가 영어를 잘하고 싶다고 꿈꾸는 사람은 계속 꿈만 꿀 것입니다. 내일로 미루지 말고 지금 필요한 행동을 해야 합니다. 지금 행동해야 원하는 미래를 현실로 만들 수 있습니다. 여러분에게 필요한 영어는 어떤 것인가요? 남에게 보여 주기 위한 것인가요? 아니면 나의 성장을 위해 필요한 것인가요? 지금 나에게 필요한 영어에 집중하세요. 필요한 것을 해야 진짜 실력이 됩니다.

결과보다 과정을 즐겨라

　모국어도 어린아이에게 처음에는 낯선 언어였습니다. 아이는 서두르지 않고 천천히 필요한 말을 익힙니다. 영어도 그렇게 익혀야 합니다. 어린아이가 말을 배우듯 내가 필요한 문장부터 천천히 익히는 것입니다. 조급한 마음을 버리고 노력한 만큼 실력이 된다고 생각하면 영어공부가 즐거워집니다.

　실수에 대한 태도를 바꾸는 것이 중요합니다. 실수는 좋은 것입니다. '매도 먼저 맞는 놈이 낫다'는 말처럼 실수를 많이 할수록 영어를 더 빨리 배울 수 있습니다. 아이는 끊임없이 실수하면서 모국어를 배웁니다. 영어는 우리에게 외국어입니다. 모국어만큼 잘하지 못하는 것이 당연합니다.

　미국 메이저리그의 전설적인 홈런 타자 베이브 루스는 "스트라이크를 당할 때마다 나는 다음 홈런에 더 가까워진다."라고 말했습니다. 홈런 타자는 다른 타자보다 삼진아웃이 많습니다. 사람들이 홈런 개수만 기억하고 삼진 수는 기억하지 않아서 잘 모르는 것뿐입니다. 영어도 마찬가지입니다. 실수를 건너뛰고 한 번에 잘할 수는 없습니다. 실수는 실력을 갖추기 위해 반드시 거쳐야 하는 관문입니다.

　고수로 가는 길은 실수를 줄여 나가는 과정입니다. 성공한 사람들은 대부분 결과보다 과정에서 의미를 찾습니다. 좋은 결과를 얻어야만 행복할 수 있다고 생각하면 내내 불행한 삶을 살게 됩니다. 과정이 즐거워야 행복할 수 있습니다. 남과 비교하는 영어공부는 그만하세요. 대신 영어를 배우는 과정을 즐기세요. 과정이 즐거우면 실력은 자연스럽게 따라올 것입니다.

성공한 사람들의
습관을 배우자

영어를 배울 때 공부법만큼 중요한 것이 멘탈 관리입니다. 무슨 일이든지 계속해야 성과도 낼 수 있기 때문입니다. 제가 영어공부를 그만두고 싶을 때 영어에서 손을 놓지 않게 도와준 것은 성공한 사람들의 경험담이었습니다. 공부와 인생살이에 도움이 되는 성공한 사람들의 좋은 습관 16가지를 소개합니다.

① **용기가 있다**

뛰어난 사람들은 재능보다 용기가 있는 사람들이다. 그들은 남들이 싫어하는 일도 기꺼이 받아들이는 용기가 있다. 자신이 원하는 삶을 살기 위해 두려움을 직면하고 이겨 낸다.

② 상상력이 뛰어나다

성공한 사람들은 생각을 시각화한다. 성공한 자신의 모습을 머릿속에 생생하게 그리면서 그렇게 살기 위해 노력한다. '어떤 자질을 갖고 싶으면 그것을 이미 가진 것처럼 행동하라'는 말이 있다. 생생하게 상상하면 현실로 만들 수 있다.

③ 중요한 일을 먼저 한다

성공한 사람들은 우선순위를 잘 정한다. 가장 중요한 일은 아침 일찍 한다. 오후에는 체력과 집중력이 떨어지기 때문이다. 중요한 일을 먼저 처리하는 것은 성공한 사람들의 공통적인 자기 경영 습관이다.

④ 거절의 달인이다

해야 할 일과 하지 말아야 할 일을 구분한다. 시간 낭비를 줄이기 위해 가장 중요한 일만 남긴다. '선택과 집중'에는 '포기'라는 단어가 숨어 있다. '무엇을 선택한다'는 것은 '무엇을 포기한다'는 뜻이기 때문이다.

⑤ 실패를 많이 한다

실패를 많이 한 사람은 노력을 많이 한 사람이다. 실패는 무엇을 실행해 봤다는 뜻이기 때문이다. 실제로 해 봐야 결과를 알 수 있고 실패를 교훈 삼아 한 걸음 더 성장할 수 있다. 실패는 성공으로 가기 위해 반드시 필요한 경력이다.

⑥ 사고가 유연하다

계획이 잘 지켜지지 않으면 지체 없이 수정한다. 완벽한 계획은 없으며 수정할수록 좋은 계획이 된다고 생각한다. 좋은 계획이란 실행 가능한 계획이기 때문이다. 목표를 달성하기 위해 균형감을 갖고 상황에 따라 유연하게 사고한다.

⑦ 자기 자신을 잘 안다

자신의 능력과 한계를 잘 알고 있다. 할 수 있는 일에 최선을 다하고 할 수 없는 일에 시간과 에너지를 허비하지 않는다. 자기 자신을 잘 아는 사람은 목표 달성 능력이 뛰어나다. 스스로 감당할 수 있는 목표를 설정하기 때문이다.

⑧ 자기 효능감이 높다

할 수 있다는 믿음이 강하다. 자기 효능감이 높으면 실패해도 계속 도전하지만, 낮으면 쉽게 포기한다. 자기 효능감이 높은 사람은 실패를 성공으로 가는 과정으로 생각하는 성장형 사고방식을 가지고 있다.

⑨ 작은 성공의 천재다
장기 목표를 이루기 위한 구체적인 계획을 세운다. 장기 목표를 단기 목표로 나누고, 단기 목표를 이루기 위한 세부 실행 계획을 세운다. 작은 성취 경험을 늘려 가며 자신감을 얻는다.

⑩ 질문을 자주 한다
핵심을 찌르는 질문을 잘한다. '좋은 질문은 좋은 답보다 낫다'는 말이 있다. 질문은 본질을 꿰뚫고 통찰력을 기르는 데 도움을 준다. '나는 왜 영어를 배우는가?'라는 질문을 자주 하면 자신에게 진짜 필요한 영어공부에 집중할 수 있다.

⑪ 글로 기록한다
에디슨, 아인슈타인, 레오나르도 다 빈치 같은 역사 속 훌륭한 인물들 중에는 메모광이 많다. 천재 작가들도 '생각이 나서 글을 쓰는 것이 아니라 글을 쓰면 생각이 떠오른다'고 말했다. 글쓰기는 집중력과 창의력을 키워 주는 유용한 도구이다.

⑫ 환경 설정을 잘한다

자신의 의지력만 믿지 않고 목표 달성에 적합한 환경을 설정한다. 인간의 의지는 생각보다 약하다. 공부할 때는 스마트폰을 비행기 모드로 바꾸거나 TV를 끄는 환경 설정이 필요하다.

⑬ 눈에 보이게 만든다

목표를 적어서 잘 보이는 곳에 둔다. 인간은 자신의 신념과 행동을 일치시키려고 한다. 신념과 행동이 일치하지 않으면 불편함을 느끼고 둘 중 하나를 바꾸려고 한다. 목표나 계획을 적어 눈에 띄는 곳에 붙여 두면 게으름을 이기고 행동을 유발할 수 있다.

⑭ 자신의 일을 사랑한다

의미 있는 목표가 있으면 힘들어도 인내할 수 있다. 그만한 가치가 있다고 생각하기 때문이다. 의미를 부여하지 못하면 힘들 때마다 그만두고 싶어진다. 자신의 인생을 바쳐도 좋을 만큼 매력적인 일이라면 작은 실패 따위는 개의치 않는다.

⑮ 경쟁하지 않는다

남과 경쟁하지 않는다. 자신이 하는 일을 사랑하기 때문이다. 경쟁자에게 신경 쓰는 데 에너지를 낭비하기보다 필요한 일을 하는 데 집중한다. 경쟁에 대한 부담이 없어야 창의력이 발휘된다.

⑯ 무리하지 않는다

결과에 집착하지 않는다. 목표를 완벽하게 달성하려고 애쓰지 않는다. 방향이 맞으면 느긋하게 마음먹고 지금 할 수 있는 행동을 하며 기회를 기다린다.

epilogue

우리는 왜 영어를 배워야 하는가

우리나라 학생들에게 영어는 '언어'가 아니라 하나의 '시험 과목'입니다. 자신을 위해서가 아니라 어떤 관문을 통과하기 위해 영어를 공부합니다. 좋은 점수만 얻으면 되고 취업을 하면 영어는 수명을 다합니다. 직장인이 되면 실용 영어에 관심이 생깁니다. 해외여행을 갈 때마다 영어 때문에 불편하기 때문입니다. '영어공부 좀 해야지.' 하고 잠시 생각했다가도 며칠이 지나면 다시 예전 마음으로 돌아갑니다. 영어가 당장 필요한 건 아니니까요. 무슨 일이든 급박한 상황이 닥치기 전까지 미루는 게 보통 사람들의 심리입니다.

동기가 없는 영어공부

무슨 일이든 이유를 알고 하는 것이 중요합니다. 이유가 분명해야 어려움이 있어도 이겨 낼 수 있기 때문입니다.

 영어 잘하는 방법을 알아도 실천하지 않는 이유는 동기가 부족하기 때문입니다. 사람은 강력한 동기가 있어야만 움직입니다. 동기가 부족한 사람들이 좋아하는 것이 스파르타식입니다. 스파르타식은 하기 싫은 것을 이를 악물고 하게 만드는 강제 시스템입니다. 동기가 뚜렷한 사람들은 스파르타식 같은 것이 필요 없습니다. 누가 시키지 않아도 혼자 힘으로 해낼 수 있기 때문입니다. 동기가 분명한 사람은 어렵거나 힘들다고 쉽게 포기하지 않습니다.

영어를 배워야 하는 이유는 스스로 찾아야 합니다. 자발적으로 동기를 부여하고 실행하지 않으면 남이 시키는 대로 계속 끌려다니게 됩니다. 아무리 노력해도 이유를 찾지 못하겠다면 빨리 포기하는 것이 좋습니다. 그 노력을 다른 일에 쏟아서 성공하면 되니까요.

'노력하는 사람은 즐기는 사람을 이길 수 없다'는 말이 있죠. 뭐든 하고 싶은 일을 해야 잘할 수 있습니다. 영어도 하고 싶은 이유가 있어야 즐길 수 있고, 즐겨야 잘할 수 있습니다.

영어를 배워야 하는 이유

2018년 9월 위키피디아 통계에 따르면, 인터넷상의 정보 중에 영어로 된 것은 약 53.1%, 한국어로 된 것은 약 0.9%라고 합니다. 우리는 인터넷이라는 넓은 바다에서 1%도 되지 않는 한글 정보를 활용하고 있는 셈입니다. 영어는 인터넷에서 사용되는 언어 중에 가장 높은 비중을 차지하고 있습니다. 그만큼 영어를 할 수 있는 사람은 훨씬 많은 정보와 기회를 얻을 수 있습니다.

순위	언어	인터넷 콘텐츠 (%)
1	영어	53.1%
2	독일어	6.3%
3	러시아어	6.1%
4	스페인어	5.0%
5	프랑스어	4.2%
6	일본어	3.6%
7	포르투갈어	2.9%
8	이탈리아어	2.4%
9	페르시아어	2.0%
10	중국어	1.8%
11	폴란드어	1.8%
12	네덜란드어	1.3%
13	터키어	1.2%
14	체코어	1.0%
15	한국어	0.9%

▶ 인터넷에서 사용되는 언어 (2018년 9월 기준)

① 정보의 양과 질이 다르다

세상의 정보와 기술은 실시간으로 바뀐다. 대부분의 정보는 영어로 되어 있고 그 양도 방대하다. 영어를 잘하면 질 좋은 자료를 보다 쉽게 구할 수 있다.

② 많은 기회를 접할 수 있다

의학, 과학, 컴퓨터 등 전문 기술 분야의 정보는 대부분 영어로 되어 있다. 또한 국제적인 사업은 주로 영어로 이루어지므로 영어를 할 수 있으면 전 세계인이 고객이 된다.

③ 활동의 무대가 다르다

영어를 잘하면 활동 영역의 제한이 없어진다. 영어로 자신의 취미를 공유하는 유튜버 중 구독자가 수백만인 한국인도 있다. 여행도 영어를 하기 전보다 즐겁게 할 수 있다.

나만의 why가 필요하다

《나는 왜 이 일을 하는가》의 저자 사이먼 사이넥은 '골든 서클(The Golden Circle)'에 대해 이야기합니다. 골든 서클 이론의 핵심은 어떤 일을 할 때 why에서 시작하라는 것입니다. 자신의 일을 사랑하고 지속할 수 있는 힘은 바로 '신념(why)'을 통해 시작되기 때문입니다.

1903년, 라이트 형제는 인류 최초로 유인 동력 비행에 성공했습니다. 그러나 당시 세상은 세계 최초로 비행을 성공시킬 사람으로 사무엘 랭리라는 과학자를 지목했습니다. 하버드 대학 출신의 그는 미 육군성에서 자금을 지원받고 있었으며 최고의 기술자들로 꾸려진 드림팀도 가지고 있었습니다. 그러나 최초의 동력 비행에 성공한 사람은 대학 교육을 받지 않았을 뿐더러 자본력도 부족했던 라이트 형제였습니다. 라이트 형제의 비행 성공이 알려지던 날, 랭리는 17년간 연구하던 동력 비행 프로젝트를 포기했습니다. 모든 조건을 완벽하게 갖춘 랭리는 왜 그렇게 쉽게 포기했을까요?

라이트 형제는 동력 비행기를 개발하여 세상을 바꾸어 보겠다는 동기로 시작했습니다. 하지만 랭리는 세계 최초의 비행기 개발자라는 명성과 돈이 목표였습니다. 만약 랭리가 신념(why)을 가지고 노력했다면 라이트 형제의 성공에서 자극을 받아 더욱 기술을 발전시킬 수도 있었을 것입니다. 그러나 그는 오직 결과(what)만을 보고 움직였습니다. 단지 유명해지길 원했습니다.

스티브 잡스는 완전한 제품을 만들고자 하는 why가 있었고, 빌 게이츠는 세상 사람들에게 개인용 컴퓨터를 보급하고자 하는 why가 있었습니다. 마틴 루터 킹 목사는 인종 차별을 없애고자 하는 why를 가지고 있었습니다.

영어공부에도 why(신념, 동기)가 필요합니다. 많은 사람들이 영어공부에 실패하는 이유는 '왜 영어를 배워야 해야 하는가'에 대해 진지하게 고민하지 않기 때문입니다. '무슨 책(what)'으로 '어떻게(how)' 공부할지 고민하는 것보다 '왜 영어를 배워야 하는지'에 대

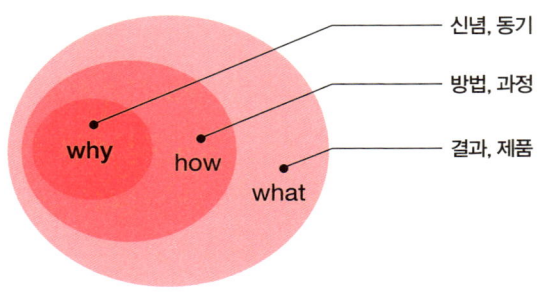

▶ 골든 서클(The Golden Circle)

해 생각하는 것이 더 중요합니다. 영어에 대한 생각과 태도를 바꾸어야 합니다. 토익 점수나 취업과 같은 외적 동기가 아니라 더 나은 나를 만들기 위한 내적 동기가 있어야 발전할 수 있습니다.

어떤 일을 할 때 신념을 갖고 행동하느냐에 따라 결과는 크게 달라집니다. '나는 왜 영어를 배우는가'라는 질문에 명확하게 대답할 수 있으면 '지금 내가 무엇을 해야 할지' 알 수 있습니다. 영어를 잘하고 싶다면 나만의 why를 먼저 찾아야 합니다.